JN411925

몽골어1 개정판

МОНГОЛ ХЭЛ 1

몽골어 1

개정판

OTGONTSETSEG DAMDINSUREN
Дамдинсүрэнгийн Отгонцэцэг

HU:iNE

| 머리말 |

한국과 몽골은 고대부터 긴밀한 교류 관계를 맺어왔다. 근대에 들어서는 약 20년 전인 1990년 3월 26일에 정식 수교를 맺음으로써 한·몽 양국 간에 새로운 지표를 열게 되었다. 그동안 양국의 관계는 다방면에서 급속하게 발전하였고 민간차원에서도 많은 교류가 이루어졌다. 앞으로는 특히 교육부문의 어학을 기본으로 몽골 현지의 정치·경제·문화·정보 등 제반 분야의 전문 지식을 겸비한 국내 최고의 몽골 전문가를 양성하는 일이 매우 중요해질 것이다. 우리 한국외국어대학교는 몽골과 한국의 이러한 연관성에 착안하여 오래전부터 몽골에 대해 관심을 가져 왔고 2009년에 몽골어과를 설립하여 오늘에 이르렀다.

그동안 한국에서 출판된 몽골어 교재의 수는 아주 미미할 뿐 아니라 이미 출판된 교재도 현실교육 상황에 부합하지 못하는 경우가 많았다. 이는 한·몽 수교 기간이 그리 오래되지 않아 한국인을 위한 몽골어 교육에 대한 인식과 체계적인 교수설계의 불충분함에서 비롯된 것이다. 이 기간 동안 누구나 부담 없이 쉽게 시작해서 효율적으로 몽골어를 익힐 수 있는 교재를 만든다는 것이 그리 쉬운 일만은 아니었던 것도 사실이다. 필자는 그동안 강의할 때 적절한 교재를 찾지 못해 몽골에서 사용하던 자료를 편집한 교재를 사용했는데 이 교재 또한 한국어 학습자의 능률성을 높이기에는 부족했다. 현재의 몽골어 전공자들과 앞으로 늘어날 몽골어에 대한 수요에 부응하기 위해서는 실용적이고 체계적인 교재의 집필이 시급한 실정이다.

다행히 몽골어 교재를 만들 수 있는 기회가 생겨 초급부터 고급까지 수준별로 내용을 구상할 수 있었고, 그중 초급 과정의 기초 부분을 집중적으로 다룬 『몽골어1』을 완성하였다. 이번 도서는 지난 2011년에 출간한 책을 새로이 개정한 도서로 내용을 수정하여 재편집하였다. 또한 그리고 몽골인의 목소리를 녹음해 음원파일을 수록하였으며 정확한 이해를 위해 어휘와 문법 해설을 모두 한국어로 번역하였다.

『몽골어1』개정판은 학생들이 실용적인 회화를 통해 독해능력과 문법 지식을 동시에 습득할 수 있도록 만들었기 때문에 학습자들은 기초부터 차근차근 학습할 수 있을 것이다. 또한 몽골어 전공자의 예습과 복습, 잠재된 학습자들의 독학에도 도움이 될 것이다.

이 교재가 몽골어 학습자들의 체계적인 문법지식과 실용적인 의사소통 능력 향상에 도움이 되기를 바라며, 본 교재를 사용한 모든 몽골어 입문자들의 성공적인 학습을 기원한다. 앞으로 몽골어가 대한민국에서 더욱 주목 받는 언어가 되길 기대하며, 마지막으로 본 교재의 출판에 기꺼이 응해주시고 한 권의 책으로 엮어주신 한국외국어대학교 지식출판원 관계자 여러분께 진심으로 감사의 마음을 전한다.

2017년 5월

저자

| 일러두기 |

『몽골어1』개정판은 대학교에서 몽골어를 전공하는 한국인 학습자를 위한 교재로 입문 단계에서 꼭 알아야 할 내용들을 다루었다. 교재는 16단원이며, 몽골 알파벳, 대화, 새 단어, 문법, 읽기 연습, 과제 연습으로 되어 있다.

대화는 제15과까지 나오는데, 주제에 맞는 실용적인 대화를 각 단원의 문법과 연계성을 두고 제시하였다. 그러나 마지막 단원은 전체적으로 복습하는 구성으로 되어있어 대화를 넣지 않았다.

어휘는 각 주제에 따라 선정하고 사용 빈도에 따라 단계적으로 제시하였다. 새 어휘는 대화 아래에 배치하여 알아보기 쉽도록 하였으며 앞에서 다룬 어휘를 반복함으로써 습득을 용이하게 하였다. 이 교재에서는 총 500개 정도의 단어를 다루었다.

문법은 기초 회화를 하는데 필수적인 항목들을 선정하였다. 문법 요소를 대화에서 반복적으로 제시하고 문법 설명에서도 그 요소만 중점적으로 다루어 이해하기 쉽도록 했다. 현대 몽골어와 한국어의 문법은 비슷한 점이 많지만, 대다수의 한국인 학습자들은 몽골어를 처음 접할 때 어렵다고 느낀다. 이는 기초문법 요소의 차이에서 비롯된다. 한 예로, 몽골어는 한국어와 달리 한 격에 대응하는 조사 수가 많고 모음조화법칙에 따라 같은 격이라도 단어에 따라 다른 조사를 붙이는 것을 들 수 있겠다. 이러한 문제를 고려하여 이 교재에서는 특히 격조사의 사용법을 세부적으로 설명하였다. 또, 문법의 이해를 돕기 위해 한국인 학습자의 모국어와의

관계를 고려하여 학습자들에게 쉬운 방법으로 설명하였고 충분한 예문을 제시하여 어떤 상황에서 그것이 쓰이는가를 알도록 하였다. 또한 학습자가 몽골어의 모음과 자음, 몽골어의 모음조화법칙, 격조사, 의문사, 지시대명사, 시제 등을 익히고 올바르게 사용할 수 있도록 하는 데 중점을 두었다.

읽기 연습은 복습에 해당하는 항으로 그 단원에서 다룬 어휘와 문법, 기능 등을 다시 살펴보면서, 배운 내용을 이용하여 학습자 스스로 짧은 텍스트를 만들 수 있도록 하였다.

과제 연습은 각 과에서 다루었던 핵심 문법 사항을 일반 회화에서 올바르게 활용하여 적용하는 단계이다. 몽골어의 문법상의 특성을 구문 구조 안에서 사용해 봄으로써 문법 지식이 실제 언어 수행으로 이어지고 학습자가 어휘와 표현을 습득하고 기초 회화를 할 수 있도록 이끌게 된다.

이렇게 『몽골어1』에서는 새 단어를 많이 익히고 기초적인 문법을 정확하게 습득하여 일상회화에 올바르게 적용하도록 함으로써, 앞으로 계속될 체계적인 몽골어 학습의 기초를 다지는 것에 의의를 둔다.

| Танилцуулга |

"Монгол хэл 1" нь их дээд сургуульд монгол хэл сурч байгаа солонгос оюутнуудад зориулагдсан анхан шатны сурах бичиг юм. Энэхүү сурах бичиг нь монгол хэлний цагаан толгой, харилцан яриа, шинэ үг, хэл зүй, унших эх, дасгал ажил гэсэн бүтэцтэй болно.

Харилцан яриа нь эхний арван таван хичээлд тухайн хичээл тус бүрийн дүрэмтэй уялдаатайгаар энгийн хялбар аргаар бичигдсэн бөгөөд харин сүүлийн хичээлийг давтлага хэлбэрээр өөр бүтэцтэй бичсэн тул харилцан яриа ороогүй болно.

Шинэ үгийг сонгохдоо хичээл бүрд гарсан заавал мэдэх үгийг энгийн хэрэглээнээс шат дараалалтай аажмаар хүндрэн нэмэгдэх байдлаар оруулсан. Шинэ үг нь хичээл бүрийн харилцан ярианы дор оюутан сурахад хялбар аргаар орсон бөгөөд нийт энэ сурах бичиг нь 500 орчим шинэ үгтэй болно. Өмнө гарсан шинэ үг нь дараа дараагийн хичээлүүдэд аль болох олон давтагдсан нь оюутан үүнийг өөрийн болгон сайн эзэмшихэд тустай болсон онцлогтой юм.

Хэл зүйд оюутан өдөр тутмын энгийн яриаг хурдан сайн эзэмшихэд тус болохуйц гол дүрмүүдийг энгийн хялбар аргаар тогтолцоотой тайлбарлав. Монгол, солонгос хоёр хэлэнд ижил байдаг ч солонгос оюутнууд хамгийн их алдаа гаргадаг тийн ялгалыг нэг бүрчлэн дэлгэрэнгүй задлан тайлбарлаж оруулаа. Ингэхдээ монгол хэлний тийн ялгалын олон нөхцөлийн хувилал нь эгшиг зохицох ёсоор журамлагддагийг анхаарсан болно. Сурах бичгийн хэл зүйн дүрмийг тайлбарласан энэ онцлогтой уялдуулан хичээл тус бүрийн дүрэм нь тухайн хичээлийн харилцан яриранд давтагдан өгүүлэгдэхээр бодож бичив. Хэл зүйг солонгос оюутны сэтгэлгээний онцлог, солонгос хэлний ерөнхий зүй тогтолтой уялдуулан энгийн хялбар аргаар тайлбарласнаас гадна хангалттай жишээгээр баяжуулан өгүүллээ. Иймд энэхүү сурах бичгээс монгол хэлний эгшиг гийгүүлэгч, эгшиг зохицох ёс, сул үг, тийн ялгал, төлөөний үг, цагийн айн тогтолцоог сурч түүнийгээ өдөр тутмын хэрэглээнд зөв ашиглаж чадах чадварыг эзэмших болно.

Унших дасгалийг хичээл бүрийн төгсгөлд "Эхийг уншаарай" гэсэн нэртэйгээр тухайн хичээлд гарсан дүрэм, шинэ үгийг бататган давтах зорилготойгоор оруулсан. Эхийн өгүүлбэрүүд энгийн хялбар бүтэцтэй тул оюутан сурсан зүйлээ бататган эхийг дууриан өөрөө төсөөтэй жижиг эх зохиож сурахад туслах үүргийг давхар хадгалж байгаа болно.

Дасгал ажил нь хичээл тус бүрд гарсан үндсэн дүрмийг өдөр тутмын энгийн хэрэглээнд зөв ашиглаж сурах чадвар, дадал эзэмшүүлэхэд чиглэгдэв.

Иймхүү "Монгол хэл 1" номыг судалснаар монгол хэлний хэл зүйн дүрмийг ярианы хэлэнд зөв хэрэглэж сурах төдийгүй олон шинэ үгийг эзэмшиж, цаашид монгол хэлийг гүнзгийрүүлэн сурах сууриа зөв тавьж чадах юм.

| 차례 |

몽골어 문자

Цагаан толгой

몽골에서는 1200년대 초부터 1940년대 초까지 700년 이상 전통 몽골 문자를 사용하였다. 그러나 종횡문자인 몽골의 고유문자는 글자 수가 많고 맞춤법이 고정되어 있었고 현실의 발음과 많은 차이가 났다. 무엇보다 언문의 불일치로 인해 글을 읽기가 어려워 문맹률이 높았다. 그래서 1941년에 시작해 1946년에 전면 시행된 문자 개혁에 따라 러시아어의 키릴문자 33개에 2개(Ө, Ү)를 합친 35자의 변형 문자를 사용하게 되었다.

몽골어의 고유문자를 몽골 비치크라고 하며 현대 몽골어의 자모는 차가앙 털거이라고 부른다.

현대 몽골어의 차가앙 털거이 (Цагаан толгой) 알파벳은 모음 13자, 자음 22자 그리고 경음/연음부호 2자로 모두 35자이다. 아래의 알파벳 표를 보면서 읽고 쓰는 법을 배워 보자.

인쇄체		필기체	명칭		발음	한글음
1	А а	*А а*	а	아	[a]	아
2	Б б	*Б б*	бэ	베	[b]	ㅂ
3	В в	*В в*	вэ	웨	[v]	ㅇ
4	Г г	*Г г*	гэ	게	[g]	ㄱ
5	Д д	*Д д*	дэ	데	[d]	ㄷ
6	Е е	*Е е*	йэ	예	[ye]	예

인쇄체		필기체	명칭		발음	한글음
7	Ё ё	Ё ё	йо	여	[ya]	여
8	Ж ж	Ж ж	жэ	제	[j]	ㅈ
9	З з	З з	зэ	쩨	[z]	ㅉ
10	И и	И и	И	이	[ee]	이
11	Й	Й	хагас и	하가스 이	[ye]	[이]
12	К к	К к	ка	카	[k]	ㅋ
13	Л л	Л л	эл	엘	[l]	ㄹ
14	М м	М м	эм	엠	[m]	ㅁ
15	Н н	Н н	эн	엔	[n]	ㄴ/ㅇ
16	О о	О о	о	어	[o]	어
17	Ө ө	Ө ө	ө	어/우	[ɵ]	[어/우]
18	П п	П п	пэ	페	[p]	ㅍ
19	Р р	Р р	эр	에르	[r]	ㄹ
20	С с	С с	эс	에스	[s]	ㅅ
21	Т т	Т т	тэ	테	[t]	ㅌ
22	У у	У у	у	오	[o]	오

인쇄체		필기체	명칭		발음	한글음
23	Ү ү	Ү ү	ү	우	[u]	우
24	Ф ф	Ф ф	фэ	에프	[f]	ㅍ
25	Х х	Х х	хэ	헤	[h]	ㅎ
26	Ц ц	Ц ц	цэ	체	[ts]	ㅊ
27	Ч ч	Ч ч	чэ	쳬	[ch]	ㅊ
28	Ш ш	Ш Ш	иш	이쉬	[sh]	쉬
29	Щ щ	Щ щ	щчэ	이쉬체	[sh]	쉬취
30	Ъ	ъ	хатуугийн тэмдэг 하토깅 템데그		경음 부호	
31	Ы	ы	ы	의	[ea]	의
32	Ь	ь	зөөлний тэмдэг 절르니 템데그		연음 부호	
33	Э э	Э э	э	에	[e]	에
34	Ю ю	Ю ю	йу	요	[you]	[요/유]
35	Я я	Я я	я	야	[ya]	야

A a

A a

Б б

Б б

B в

B в

Г г

Г г

Д д

Д д

E e

E e

Ё ё

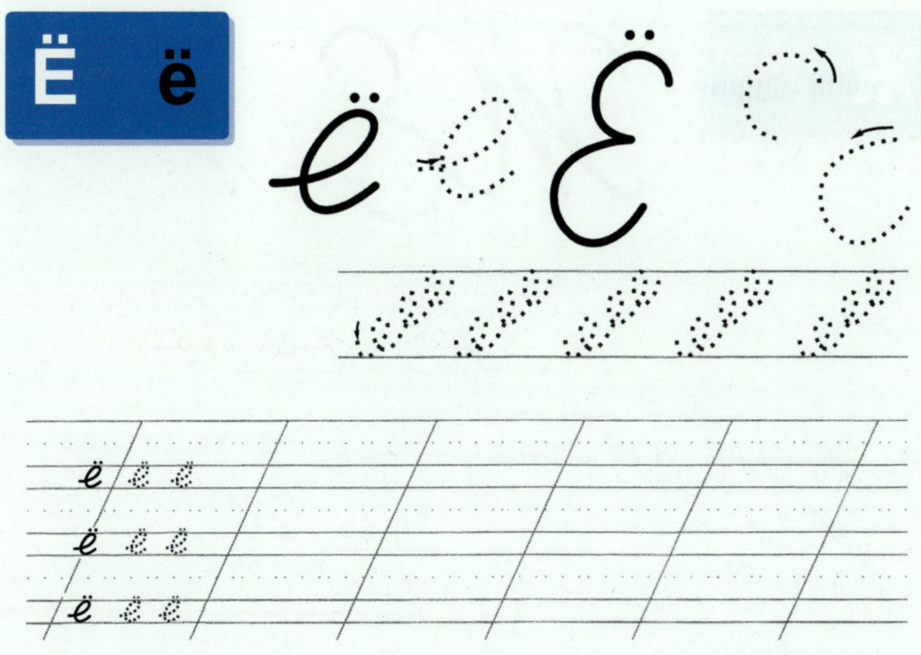

Ё ё

З з

З з

И и

И и

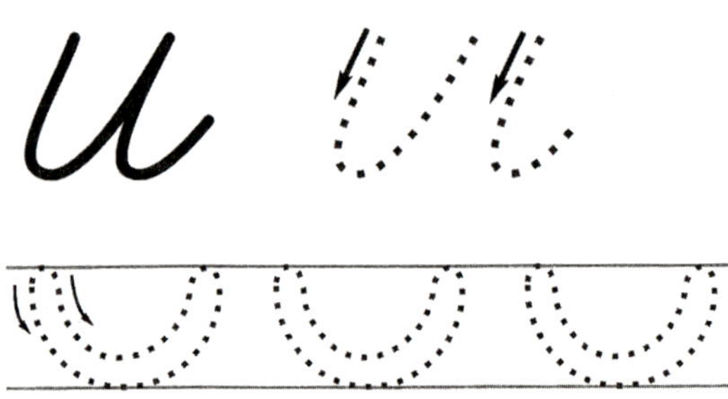

Й

Й

К к

К к

Л л

Л л

М м

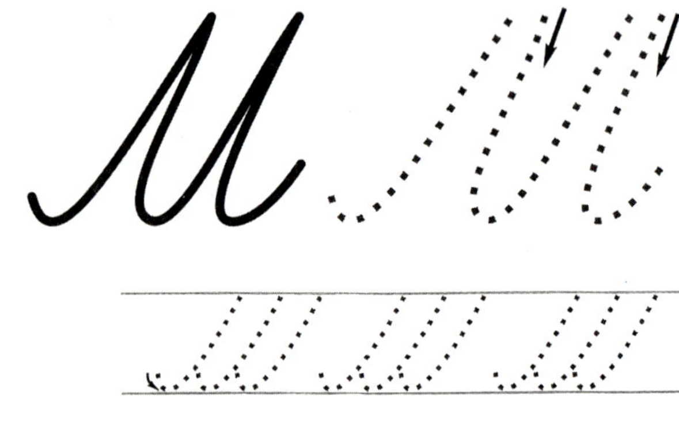

М м

Н н

Н н

О о

О о

Ө ө

Ө ө

П п

П п

P p

P p

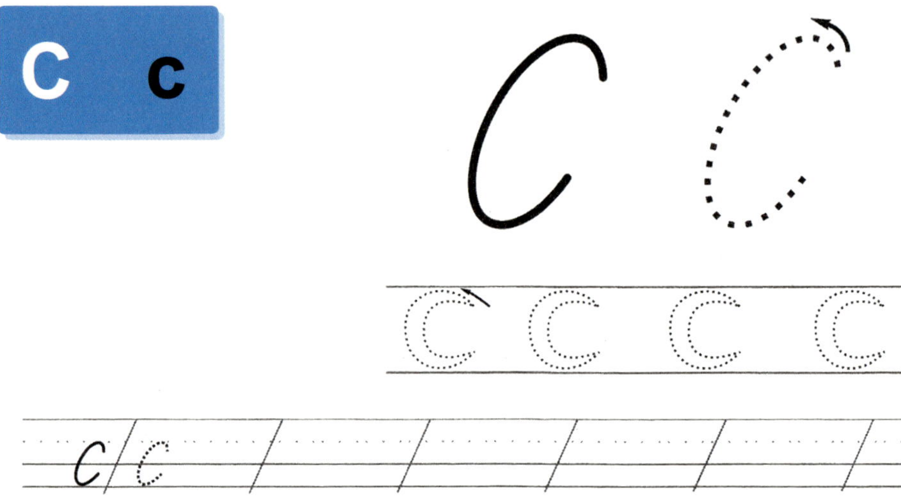
C c

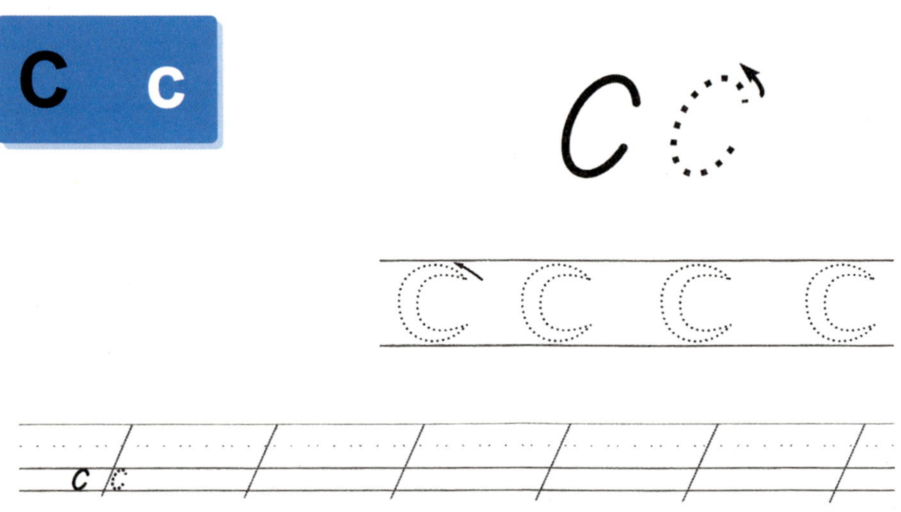
C c

Т т

Т т

у у

у у

Ү Ү

Ү Ү

Ф ф

X x

X x

Ц ц

Ч ч

Ч ч

Ш ш

Ш ш

ъ

ъ

ъ ъ ъ

ъ ъ ъ

ъ

ъ

ъ ъ ъ

ъ ъ ъ

Ы

Ы

Ь

Ь

Ь

Ь

Э э

Э э

Ю ю

Ю ю

Я я

дэвтэр

НЭГДҮГЭЭР ХИЧЭЭЛ

Сайн байна уу?

Бат	Сайн байна уу?
Дорж	Сайн. Сайн байна уу?
Бат	Таны алдар хэн бэ? Миний нэр Батсайхан.
Дорж	Намайг Доржсүрэн гэдэг.
Бат	Би тантай уулзсандаа баяртай байна. Та аль нутгийн хүн бэ?
Дорж	Би ч бас тантай уулзсандаа баяртай байна. Би Төв аймгийн хүн.
Бат	За тэгвэл хоёулаа эргээд уулзъя.

Шинэ үг

сайн	안녕,좋다	миний	제
би	나는	таны	당신
байна	있다	алдар/нэр	성함/이름
хоёулаа	둘이서	намайг	저를
уулзах	만나다	эргээд	또 다시
баяртай	안녕히 계세요/ 안녕히 가세요	баяртай байна	반갑습니다
хүн	사람	аймаг	도
нутаг	고향	тэгвэл	그러면
аль	어느	би ч бас	나도

Дүрэм

1. 남성, 여성, 중성 모음

몽골어의 모음은 남성모음과 여성모음 그리고 중성모음으로 분류된다.

혀 위치가 전설에서 구성되는 а, о, у, я, ё, ю(у), ы 등의 7개 모음들을 남성모음이라 한다.

한 단어가 남성모음으로 구성되어 있으면, 남성단어로 부른다.

Жишээ нь:

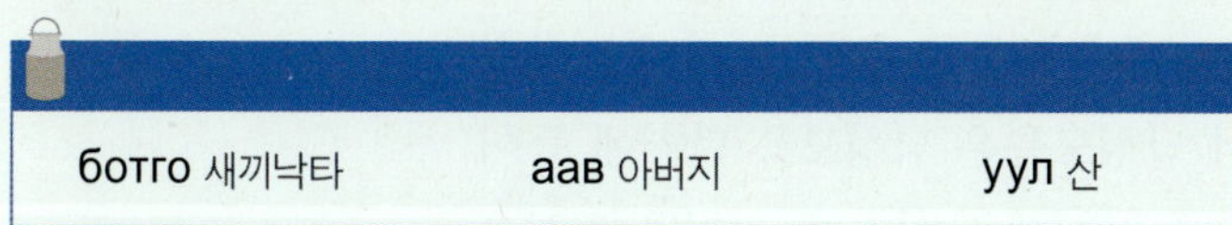

ботго 새끼낙타	аав 아버지	уул 산

혀 위치가 중설에서 구성되는 э, ө, ү, е, ю(ү) 등의 5개 모음들을 여성모음이라 한다.

한 단어가 여성모음으로 구성되어 있으면, 여성단어로 부른다.

Жишээ нь:

өрөм 몽골의 유제품	гүү 암말	үхэр 소

혀 위치의 후설에서 구성되는 и, й 두 개 모음을 중성모음이라 한다. 중성모음으로 구성된 단어는 여성단어로 본다.

Жишээ нь:

ишиг-үүд	새끼염소들-새끼염소의 복수형
жил-үүд	몇년-연도의 복수형

2. 몽골어의 모음조화법칙

모음조화법칙이란, 한 단어의 첫째 모음이 그 단어 다음에 들어올 모음을 지정하는 것이다. 몽골어에서는 모음조화법칙이 확실하게 지켜져서 남성모음은 남성모음 단어에 들어가고 여성모음은 여성모음 단어에 들어간다. 그러나 중성모음은 남성모음과 여성모음 모두에 들어갈 수 있다.

Жишээ нь:

Би ном оллоо.

나는 책을 찾았다.

Бат хаалга хаалаа.

나는 문을 닫았다.

Цэцгээ дэвтрээ нээлээ.

체첵이 공책을 펼쳤다.

Миний эмээ нүүлээ.

내 할머니가 이사를 했다.

불규칙: уу, үү, юу, юү, яу, ёу, еү, иу, и, ий, ы, эй 모음들은 모음조화법칙에 어긋날 때가 있다. 또한 합성어에 남성모음과 여성모음이 함께 들어갈 수도 있다. 때로는 단어의 마지막 장모음이 모음조화법칙에 어긋나기도 한다.

Жишээ нь:

орчуулагч	통역관	хөгжилдөнө	놀다
өрнүүлсэн	진행시키다	нөхөдтэйгөө	친구들과
болохгүй	안 됩니다	байжээ	있었다
Батгэрэл	바트게렐	болжээ	되었다

3. 장모음

길게 천천히 발음하는 모음을 장모음이라 한다. 장모음은 네 가지로 나뉜다.

1. 기본 모음을 결합하여 аа, ээ, оо, уу, өө, үү라고 표시한다.

Жишээ нь:

аав	아버지	ороолт	목도리
өөр	다르다	ээж	어머니
уух	마시다	үүл	고름

2. я, е, ё, ю 모음 뒤에 기본 모음 하나를 삽입하여 яа, уя, о ё, еэ, еү, еө, ёо, ёу, юу, юү라고 표시한다.

Жишээ нь:

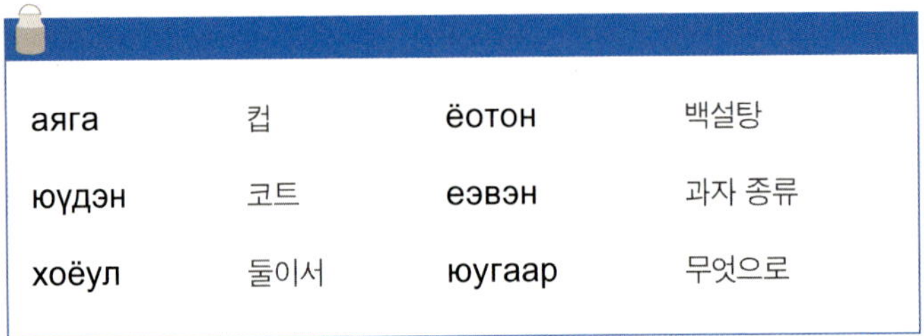

аяга	컵	ёотон	백설탕
юүдэн	코트	еэвэн	과자 종류
хоёул	둘이서	юугаар	무엇으로

3. ь연음부호가 들어간 단어에는 장모음을 결합할 때 연음 부호를 и로 변경하여 기본 모음 하나를 추가하여 иа, ио, иу라고 표시한다.

Жишээ нь:

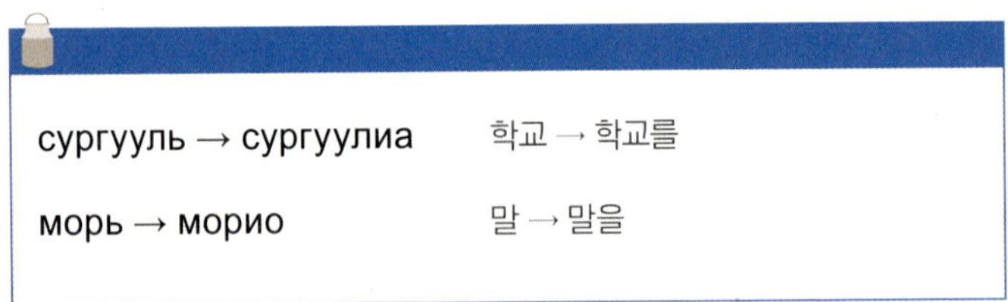

сургууль → сургуулиа	학교 → 학교를
морь → морио	말 → 말을

4. и 모음을 장모음으로 쓸 때 남성어의 경우 ы 모음을, 여성어의 경우ий 모음을 삽입하여 표시한다.

Жишээ нь:

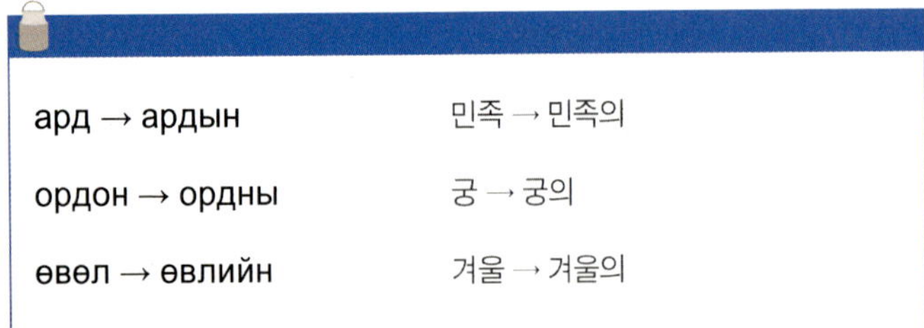

ард → ардын	민족 → 민족의
ордон → ордны	궁 → 궁의
өвөл → өвлийн	겨울 → 겨울의

4. 이중모음

한 음절을 구성하는 두 개의 다른 모음을 이중모음이라 한다. 몽골어의 이중모음을 ай, эй, ой, уй, үйᅵ라고 표시한다. 하지만 몽골어에 "өй"라는 이중모음은 없다.

Жишээ нь:

аймаг	도	ойр	가깝다
үнэтэй	비싸다	үйлдвэр	공장
дугуй	자전거	уйлах	울다

5. 자음

1. "Монгол баавар"라는 단어에는 7개의 자음이 포함되어 있다. М, Н, Г, Л, Б, В, Р 이 7개의 알파벳은 앞이나 뒤에 반드시 모음을 첨가하여 쓴다.

Жишээ нь:

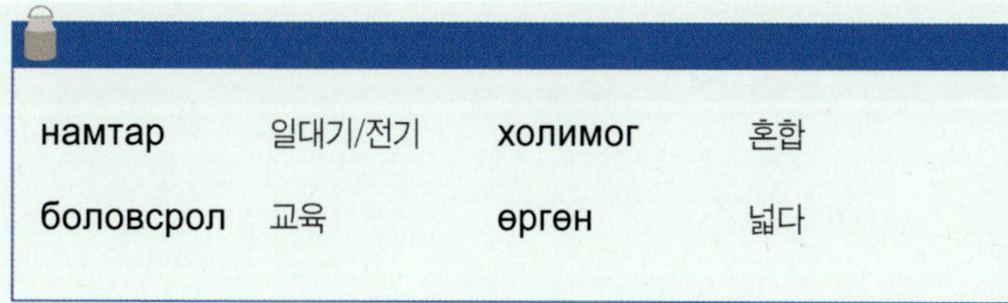

намтар	일대기/전기	холимог	혼합
боловсрол	교육	өргөн	넓다

2. К, П, Ф, Щ 이 네 알파벳을 몽골어에서는 특수 알파벳이라 한다. К, Ф, Щ 이 세 알파벳은 몽골 단어에는 들어가지 않고 오직 외래어에만 쓴다. 그리고 П 알파벳은 단어의 가운데나 마지막에 들어가지 않는다. 단어의 앞에만 가끔 쓴다.

Жишээ нь:

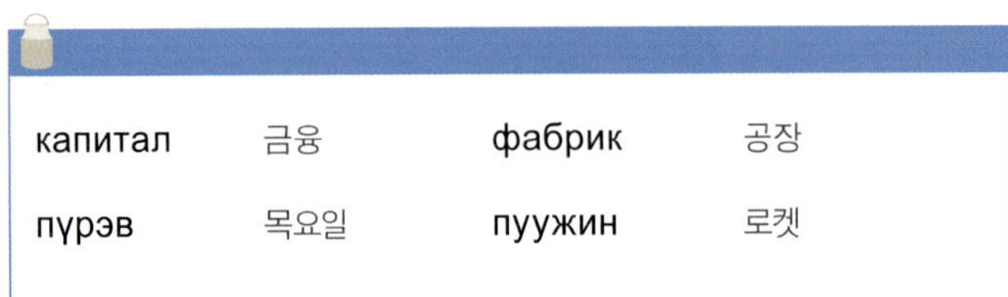

капитал	금융	фабрик	공장
пүрэв	목요일	пуужин	로켓

Эхийг уншаарай

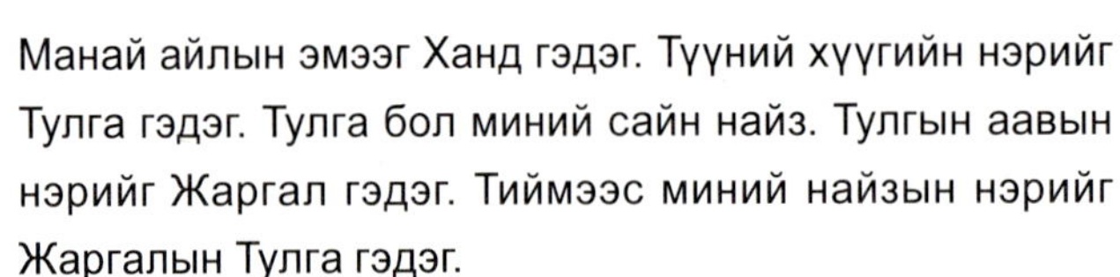

Манай айлын эмээг Ханд гэдэг. Түүний хүүгийн нэрийг Тулга гэдэг. Тулга бол миний сайн найз. Тулгын аавын нэрийг Жаргал гэдэг. Тиймээс миний найзын нэрийг Жаргалын Тулга гэдэг.

Дасгал ажил

Дасгал 1.

소리 내어 읽고 따라 써 봅시다.

А - алим, авдар, анааш

Б - ба бо би бө бэ бу бү бөмбөг, бялуу, бөх

В - ва во ви вө вэ ву вү ваар, хувин

Г - га го ги гө гэ гу гү гэр, гутал, гал

Д - да до ди дө дэ ду дү дээл, дэгдээхэй, данх

Е - ес еэвэн

Ё - ёотон

Ж - жа жо жи жө жэ жу жү жар, жимс, жүрж

З - за зо зи зө зэ зу зү загас, зараа, заан

И - ишиг, индүү

К - ка ко ки кө кэ ку кү кино, кран, компьютер

Л - ла лэ ли ло лө лу лү лийр, лаа, лим

М - ма мэ ми мо мө му мү муур, мөөг, мод

Н - на нэ ни но нө ну нү нар, навч, нохой

О - ордон, ор, онгоц

П - па пэ пи по пө пу пү пуужин, парк

Р - ра рэ ри ро рө ру рү радио, робот

С - са сэ си со сө су сү сар, сүх, сонгино

Т - та тэ ти то тө ту тү төмс, туулай, тэмээ

У - ундаа, утас, унага

Ү - үүл, үнэг, үнээ

Ф - фа фэ фи фо фө фу фү фото, физик

Х - ха хэ хи хо хө ху хү харандаа, хүүхэд, хүн

Ц - ца цэ ци цо цө цу цү цох, цэцэг, цоож

Ч - ча чэ чи чо чө чу чү чихэр, чоно, чарга

Ш - ша шэ ши шо шө шу шү ширээ, шүхэр

Э - эмээ, эрвээхэй, эмээл

Ю - юүдэн

Я - ямаа, янзага

Дасгал 2.

빈칸에 알맞은 단어를 넣어 문장을 완성해 봅시다.

1. Сайн ______ уу? Сайн, та ______ байна ______? ______ тантай ______ баяртай байна. Би ч бас ______.
2. Сайн байна ______? Анх уулзаж ______. Миний ______ Батсайхан. Намайг Доржсүрэн ______.
3. ______ байна уу? Сайн. Та ______ байна ______? ______ төв аймгийн хүн.

Дасгал 3.

빈칸을 채워 봅시다.

1. 알맞은 단모음을 써 봅시다.

2. 알맞은 장모음을 써 봅시다.

3. 알맞은 이중모음을 써 봅시다.

малг ___ дэгдээх ___ ___ маг ман ___ б ___ на

б ___ дан мог ___ тоор ___ т ___ ван б ___ шин

4. 알맞은 자음과 모음을 써 봅시다.

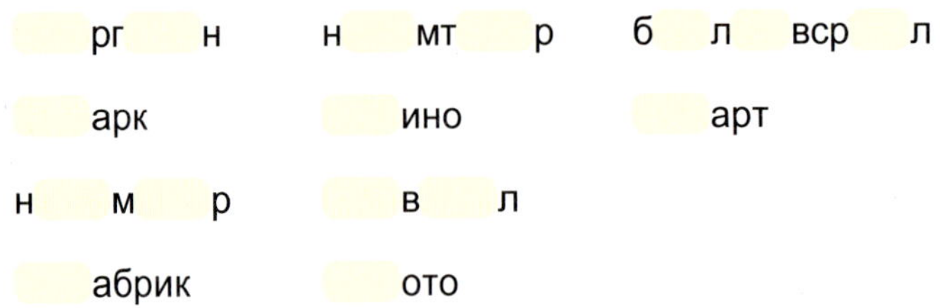

___рг___н　　н___мт___р　　б___л___вср___л

___арк　　___ино　　___арт

н___м___р　　___в___л

___абрик　　___ото

5. 모음조화법칙에 따라 모음을 써 봅시다.

хонь → хон___о　　сургууль → сургуул___а

морь → мор___о　　бохь → бох___о

ард → ард___н　　ээж → ээж___н

ах → ах___н　　эгч → эгч___н

анги → анг___н

Дасгал 4.

아래의 어휘를 남성 단어와 여성 단어로 구분해 봅시다.

ах/гал/аав/ээж/сонгино/гэр/сар/сайн/дүү/жимс
сүх/гутал/сүү/нар/алим/эгч/ном/цүнх/зам/нохой

1. Эр үг

___.

2. Эм үг

___.

Дасгал 5.

주어진 단어를 활용해 문장을 만들어 봅시다.

Баяр./хүн./байна/уу?/сайн/нэр/би/миний/монгол

1)

2)

3)

Сайн/Солонгос/Ким Хи Вуонь./миний/би/хүн./нэр/уу?

1)

2)

3)

Миний/Сайн/хүн./би/Жон./нэр/байна/Америк/уу?

1)

2)

3)

ХОЁРДУГААР ХИЧЭЭЛ

Сонин сайхан юу байна?

Сүхээ Сайн байна уу? Сайхан зусаж байна уу?

Дорж Сайн. Та сайн явж байна уу?

Сүхээ Сайн. Танайхан сайн уу?

Дорж Манайхан бүгд сайн. Танай аав ээж сайн уу?

Сүхээ Манай аав ээж сайн.

Дорж Та завтай явж байна уу? Тантай хэдэн үг сольж болох уу?

Сүхээ Би завтай явж байна. Болно болно.

Дорж Энд сууж болох уу?

Сүхээ Тэг тэг. Бололгүй яахав, түр хүлээж байгаарай.

Дорж За тэгье.

Шинэ үг

тавтай морилно уу	어서 오세요	тайван	평화롭다
наашаа	여기로/ 이쪽으로	тайван даа	그저 그렇습니다
сонин сайхан	별일	аав	아버지
юу	무엇	ээж	어머니
баярлалаа	감사합니다	дүү	동생
манайхан	우리 식구	танайхан	너희 식구
орох	들어가다	одоо	지금
болох уу?	됩니까?	болно	됩니다
зүгээр	괜찮습니다	уучлаарай	미안합니다
алга	없다	тэг тэг	그러세요
хүлээх	기다리다	суух	앉다

Дүрэм

1. Сайн байна уу?

Сайн байна уу?는 몽골어의 가장 일반적인 인사말이다. Сайн байна уу?라고 인사할 때 Сайн сайн, та сайн уу?라고 대답하며, 인사할 때 대상에 따라 (윗사람, 아랫사람) 다른 형태를 사용한다.

Жишээ нь:

윗사람과 인사할 때:

Сайн байна уу?

안녕하십니까?

Сайн. Та сайн байна уу?

네, 잘 있습니다. 당신도 안녕하셨습니까?

Дорж гуай, та амар сайн байна уу?

더러지 선생님, 안녕하셨습니까?

Сайн сайн. Та амар сайн уу?

네, 잘 있습니다. 당신도 안녕하셨습니까?

같은 연령층이 인사할 때:

Сайн уу?

안녕?

Сайн, сонин юутай байна?

응, 별일 없니?

친구끼리 인사할 때:

Сайн уу?

안녕?

Сайн, чи сайн уу?

응, 너도 잘 있니?

2. Байна

몽골어의 “байна”라는 단어는 한국어의 “있다”와 대응하며 주로 문장의 끝에 와 문장을 완성한다.

Жишээ нь:

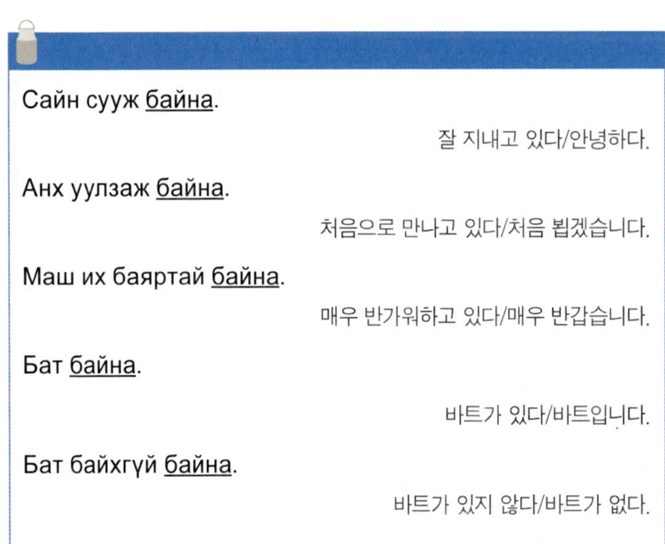

Сайн сууж байна.

잘 지내고 있다/안녕하다.

Анх уулзаж байна.

처음으로 만나고 있다/처음 뵙겠습니다.

Маш их баяртай байна.

매우 반가워하고 있다/매우 반갑습니다.

Бат байна.

바트가 있다/바트입니다.

Бат байхгүй байна.

바트가 있지 않다/바트가 없다.

3. Болно/Болохгүй

몽골어에서 болно/болохгүй가 들어간 문장은 해당 행위를 허가/불허함을 나타낸다.

Жишээ нь:

Орж болох уу?

들어가도 됩니까?

Болно.

됩니다.

Уулзаж болох уу?

만나도 됩니까?

Болно.

됩니다.

Сууж болох уу?

앉아도 됩니까?

Болохгүй.

안 됩니다.

4. Миний

"Миний"는 몽골어의 인칭대명사 "Би"의 소유격이다.

"Би"는 "나", 2인칭 대명사 "Та"는 "당신"과 대응하며 존경의 의미를 나타낸다. "Та"는 주로 아랫사람이 윗사람을 대할 때 쓰이고, 2인칭 대명사 "Чи"인 "너"는 아랫사람이나 친구를 대할 때 쓰인다.

Жишээ нь:

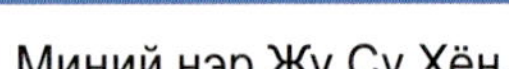

Миний нэр Жү Сү Хён.

나는 주수현입니다.

Миний найз Бат.

내 친구 바트입니다.

Миний ээж багш.

내 어머님은 선생님입니다.

Та миний багш.

선생님은 나의 선생님입니다.

Чи миний найз.

너는 내 친구입니다.

몽골어에는 명사의 소유격을 가리키는 소유격 조사 "aa, ээ, оо, өө, минь, маань, чинь, тань, нь"가 있다.

Жишээ нь:

Багшаа, юм асууж болох уу?

선생님, 무엇을 좀 여쭤 봐도 되겠습니까?

Эмчээ, миний бие гайгүй байна уу?

의사 선생님, 제 몸은 괜찮습니까?

Жолоочоо, би их сургууль руу явмаар байна.

기사님, 저는 학교로 가고 싶습니다.

Нөхөдөө, маргааш зугаалгаар явна шүү!

친구들아, 내일 산책하러 가는 거다!

Ах чинь сайн уу?

너의 형은 잘 지내고 있니?

Ээж минь хөдөө явсан.

내 형이 잘 지내고 있습니다.

Аав маань гэртээ байна.

내 아버지는 집에 계십니다.

Эхийг уншаарай

Манай улсад номын сан олон бий. Түүнд олон шинэ ном бий. Ном унших сайхан байдаг. Ном бол эрдэм сурах түлхүүр. Номын ачаар хүмүүс их зүйл мэдэх болно. Номоор ухаан тэлдэг. Ном бол ертөнцийг харах цонх юм. Ном сайн унш. Номын сайн нөхөр болъё.

Дасгал ажил

Дасгал 1.

'Таныг хэн гэдэг вэ?'의 질문에 대한 답을 두 가지 방식으로 써 봅시다.

1) Би Ким Жунг Мин

2) Би Юна

3) Би Болд

4) Би Дорж

5) Би Оюун

6) Би Баяр

Дасгал 2.

아래의 사람들과 인사를 나누어 봅시다.

1) Ах

2) Эгч

3) Өвөө

4) Эмээ

5) Бат

6) Найз

Дасгал 3.

괄호 안의 단어를 이용해 질문해 답해 봅시다.

1) Ээж чинь сайн уу? (сайн)

2) Өвөө чинь сайн уу? (амархан сайн)

3) Сонин сайхан юутай? (юмгүй тайван)

4) Бие чинь сайн уу? (гайгүй ээ)

5) Ажил сайн уу? (яахав дээ)

6) Найз чинь сайн уу? (дажгүй ээ сайн)

Дасгал 4.

다음 질문에 **'байна/байхгүй'**를 이용해 문장으로 답해 봅시다.

1) Багш чинь байна уу?

2) Мён Ил байна уу?

3) Ху Жин байна уу?

4) На Хён байна уу?

5) Сү Хён байна уу?

6) Гэрэл тамирчин байна уу?

Дасгал 5.

다음 질문에 **'байна/байхгүй'**를 이용해 문장으로 답해 봅시다.

1) Захиралаа орж болох уу?

2) Эмчээ үзүүлж болох уу?

3) Багшаа явж болох уу?

4) Инженерээ амарч болох уу?

5) Тогоочоо хоол идэж болох уу?

6) Уучлаарай, юм асууж болох уу?

ГУРАВДУГААР ХИЧЭЭЛ

Энэ юу вэ?

Төмөр Сайн байна уу? Чиний нэрийг хэн гэдэг вэ?

Сараа Сайн. Миний нэрийг Сараа гэдэг.

Төмөр Сараа, энэ юу вэ?

Сараа Энэ монгол хэлний сурах бичиг.

Төмөр Аа тийм үү? Чамд солонгос хэлний сурах бичиг байгаа юу?

Сараа Надад солонгос хэлний сурах бичиг байхгүй.

Төмөр Өө тийм үү? Хэнд байгаа вэ?

Сараа Манай ангийн Сарнайд байгаа.

Төмөр Сарнай чиний найз уу?

Сараа Тийм, Сарнай миний сайн найз.

Төмөр Сараа, тэр Сарнай юу? Энхээ юү?

Сараа Тэр Сарнай биш, Энхээ байна.

Шинэ үг

багш	선생	сурах бичиг	교과서
найз	친구	сайн	좋은, 잘
асуух үг	의문사	сул үг	첨사
асуулт	질문	дэвтэр	공책
сандал	의자	охин	딸
хүү	아들	эмч	의사
сувилагч	간호사	дугтуй	봉투
жолооч	운전수	малчин	유목민
худалдагч	판매원	оюутан	대학생
зурагчин	사진사	оёдолчин	재봉사
цагдаа	경찰	анги	교실, 반
сургууль	학교	хөгжим	음악, 악기
үзэг	볼펜	утас	전화
цаг	시간/시계	нар	태양, 해
сар	월/달/개월	зөөгч	종업원
цүнх	가방	дарга	직장상사/사장
шинэ	새, 신	хуучин	낡은, 헌, 오래된
архи	술	харандаа	연필
чулуу	돌, 암석		

Дүрэм

의문문을 만들 때는 따로 의문사를 붙인다. 몽골어의 의문첨사에는 다음과 같은 형태가 있다.

-вэ?	-бэ?	-уу?
-үү?	-юу?	-юү?

1. 몽골어의 의문첨사 "вэ?"

의문첨사 "вэ"는 모음과 н, м, в 자음을 제외한 기타 자음으로 끝난 단어 뒤에 연결되고 의문사 (누구, 무엇, 어떤 등)를 가진 의문문에 사용된다.

Жишээ нь:

Энэ юу вэ?

이것은 무엇입니까?

Энэ дэвтэр.

이것은 공책입니다

Энэ ямар дэвтэр вэ?

이것은 어떤 공책입니까?

Энэ сайхан дэвтэр.

이것은 좋은 공책입니다

Энэ хэний дэвтэр вэ?

이것은 누구의 공책입니까?

Энэ багшийн дэвтэр.

이것은 선생님 공책입니다

Тэр юу вэ?

그것은 무엇입니까?

Тэр сандал.

그것은 의자입니다

Тэр ямар сандал вэ?

그것은 어떤 의자입니까?

Тэр сайхан сандал.

그것은 좋은 의자 입니다

Тэр хэний сандал вэ?

그것은 누구의 의자입니까?

Тэр багшийн сандал.

그것은 선생님의 의자입니다.

2. 몽골어의 의문첨사 "бэ?"

의문첨사 "бэ"는 н, м, в 자음으로 끝난 단어 뒤에 연결된다.

Жишээ нь:

Энэ хэн бэ?

이 사람은 누구입니까?

Энэ аав.

이 사람은 아버지입니다.

Тэр хэн бэ?

그 사람은 누구입니까?

Тэр өвөө.

그 사람은 할아버지입니다.

Энэ хэн бэ?

이 사람은 누구입니까?

Энэ ээж.

이 사람은 어머니입니다.

Тэр хэн бэ?

그 사람은 누구입니까?

Тэр эмээ.

그 사람은 할머니입니다.

Энэ хэн бэ?

이 사람은 누구입니까?

Энэ ах.

이 사람은 형/오빠입니다

Тэр хэн бэ?

그 사람은 누구입니까?

Тэр эгч.

그 사람은 누나/언니입니다.

Энэ хэн бэ?

이 사람은 누구입니까?

Энэ хүү.

이 사람은 아들입니다.

Тэр хэн бэ?

그 사람은 누구입니까?

Тэр охин.

그 사람은 딸입니다.

3. 몽골어의 의문첨사 "уу?"

의문첨사 "уу?"는 자음과 단모음으로 끝난 단어 뒤에서 몽골어의 모음조화법칙에 따라 연결된다.

Жишээ нь:

Энэ зураг уу?
이것은 그림/사진입니까?

Энэ зураг.
이것은 그림/사진입니다.

Тийм, энэ зураг.
예, 이것은 그림입니다.

Энэ багш уу?
이 사람은 선생님입니까?

Энэ багш.
이 사람은 선생님입니다.

Үгүй, энэ багш биш оюутан.
아니요, 이 사람은 선생님이 아니라 학생입니다.

Тэр сандал уу?
그것은 의자입니까?

Тэр сандал.
그것은 의자입니다.

Тийм, тэр сандал.
예, 그것은 의자입니다.

Тэр номын сан уу? Гуанз уу?
그곳은 도서관입니까? 식당입니까?

Тэр номын сан биш гуанз.
그곳은 도서관이 아니라 식당입니다.

4. 몽골어의 의문첨사 "үү?"

의문첨사 "үү?"는 "уу?"와 같이 자음과 단모음으로 끝난 단어 뒤에서 몽골어의 모음조화법칙에 따라 연결된다.

Жишээ нь:

Энэ хөгжим үү?
이것은 음악/악기입니까?

Энэ хөгжим.
이것은 음악/악기 입니다.

Тийм, энэ хөгжим.
예, 이것은 음악입니다.

Энэ эмч үү?
이 사람은 의사입니까?

Энэ эмч.
이 사람은 의사입니다.

Үгүй, энэ эмч биш сувилагч.
아니요, 의사가 아니라 간호사입니다.

Тэр үзэг үү?
그것은 볼펜입니까?

Тэр үзэг.
그것은 볼펜입니다.

Тийм, тэр үзэг.
예, 그것은 볼펜입니다.

Энэ дэвтэр үү?
이것은 공책입니까?

Энэ дэвтэр.
이것은 공책입니다.

Үгүй, энэ дэвтэр биш ном.
아니요, 이것은 공책이 아니라 책입니다.

5. 몽골어의 의문첨사 "юу?"

의문첨사 "юу?"는 장모음과 이중모음으로 끝난 단어 뒤에서 몽골어의 모음조화법칙에 따라 연결된다.

Жишээ нь:

Энэ Батаа юу?

이 사람은 바타입니까?

Тийм, энэ Батаа.

예, 이 사람은 바타입니다.

Энэ Сараа юу?

이 사람은 사라입니까?

Энэ Сараа.

이 사람은 사라입니다.

Үгүй, энэ Сараа биш Энхээ.

아니요, 이 사람은 사라가 아니고 잉헤입니다.

Тэр Болдоо юу?

그 사람은 벌더입니까?

Энэ Болдоо.

이 사람은 벌더입니다.

Тийм, тэр Болдоо.

예, 이 사람은 벌더입니다.

Тэр Баяраа юу?

그 사람은 바야라입니까?

Тэр Баяраа.

그 사람은 바야라입니다.

Үгүй, тэр Баяраа биш Сүхээ.

아니요, 그 사람은 바야라가 아니라 수헤입니다.

6. 몽골어의 의문첨사 “юү?”

몽골어의 의문첨사 “юү?”는 “юу?”와 같이 장모음과 이중 모음으로 끝난 단어 뒤에서 몽골어의 모음조화법칙에 따라 연결된다.

Жишээ нь:

Энэ Энхээ юү?

이 사람은 잉헤입니까?

Энэ Энхээ.

이 사람은 잉헤입니다.

Тийм, энэ Энхээ.

예, 이 사람은 잉헤입니다.

Энэ Шүрээ юү?

이 사람은 슈레입니까?

Энэ Шүрээ.

이 사람은 슈레입니다.

Үгүй, энэ Шүрээ биш Сүрэн.

아니요, 이 사람은 슈레가 아니라 수렌입니다.

Тэр Сүхээ юү?

그 사람은 수헤입니까?

Тэр Сүхээ.

그 사람은 수헤입니다.

Тийм, тэр Сүхээ.

예, 그 사람은 수헤입니다.

Тэр Чимгээ юү?

그 사람은 침게입니까?

Тэр Чимгээ.

그 사람은 침게입니다.

Үгүй, тэр Чимгээ биш Сүхээ.

아니요, 그 사람은 침게가 아니라 수헤입니다.

Эхийг уншаарай

Чи өнөөдөр сургуульдаа явсан уу? Би өнөөдөр сургуульдаа яваад ирлээ. Танай ангийн багшийг хэн гэдэг вэ? Манай ангийн багшийг Болд гэдэг. Энэ хэн бэ? Энэ манай ангийн хүүхэд. Нэр нь Сүрэн. Сүрэнгийн аав юу хийдэг вэ? Сүрэнгийн аав багш. Сүрэнтэй явaa хэн бэ? Түүний найз Батаа. Батаа ямар сурдаг вэ? Батаа хичээлдээ их сайн хүүхэд. Танай аав юу хийдэг юм бэ? Манай аав жолооч.

Дасгал ажил

Дасгал 1.

다음의 대화를 참고해 제시된 어휘로 대화를 만들어 봅시다.

Энэ юу вэ?

Энэ ном.

Тэр юу вэ?

Тэр ном.

/анги, сургууль, ширээ, сандал, үзэг, дэвтэр, харандаа, цүнх, эмч /

Дасгал 2.

다음의 대화를 참고해 제시된 어휘로 대화를 만들어 봅시다.

Энэ хэн бэ?

Энэ аав.

Тэр хэн бэ?

Тэр ээж.

/ах, эгч, дүү, өвөө, эмээ, хүү, охин, оюутан, зурагчин, цагдаа, /

Дасгал 3.

다음 빈칸을 문맥에 맞게 채워 봅시다.

Сайн байна уу?

Сайн. ______

Та хаанаас явна ______?

Би сургуулиас явна.

Энэ чиний найз ______?

Тийм, энэ ______

Тэр чиний машин ______?

Үгүй, тэр ______

Дасгал 4.

문미첨사를 바르게 써 봅시다.

Утас уу?	Зөөгч ____?	Зураач ____?
Цаг ____?	Худалдагч ____?	Дарга ____?
Багш ____?	Дугтуй ____?	Шинэ ____?
Хувцас ____?	Цүнх ____?	Хуучин ____?
Нар ____?	Ном ____?	Архи ____?
Сар ____?	Дэвтэр ____?	Ааруул ____?

Дасгал 5.

빈칸을 채워 질문과 대답을 완성해 봅시다.

Энэ Сараа ___, Болдоо ___?

Энэ Сараа.

Тэр Нараа ___, Навчаа ___?

___ Навчаа

Энэ Батаа ___, Баяраа ___?

Үгүй, энэ ___ биш, Эрдэнэ

Тэр Анхаа ___?

Тийм, ___

Дасгал 6.

빈칸을 채워 질문과 대답을 완성해 봅시다.

Энэ оюутан уу, эмч ___?

___ эмч.

Энэ ном ___, дэвтэр ___?

___ дэвтэр.

Энэ анги ___, сургууль ___?

___ сургууль.

Энэ Болдоо ______, Сүхээ ______?

______ Сүхээ.

Тэр Сараа ______, Энхээ ______?

______.

Энэ мод ______, чулуу ______?

______ чулуу.

Энэ харандаа ______, үзэг ______?

______ харандаа.

Энэ зураг ______, зурагт ______?

______.

Энэ Солонго ______, Ариунаа ______?

______ Ариунаа.

дэвтэр

ДӨРӨВДҮГЭЭР ХИЧЭЭЛ

Бид их завгүй байна.

Хонгор	Миний нэр Хонгор. Чиний нэр хэн бэ?
Мягмар	Намайг Мягмар гэдэг. Чи хаанаас ирсэн бэ?
Хонгор	Би Дархан хотоос ирсэн. Чамд би юугаар туслах вэ?
Мягмар	Надад утсаар ярих хэрэг байна. Танд гар утас байна уу?
Хонгор	Байна байна. Үүгээр ярь.
Мягмар	За баярлалаа. Тэндээс ирж яваа танай найзууд уу?
Хонгор	Тийм. Тэд нар миний найзууд.
Мягмар	Та нар ямар нэг ажилтай юм уу?
Хонгор	Бид өдөр бүр сагсан бөмбөгийн тэмцээнд бэлтгэж байгаа.
Мягмар	Өө тэгвэл та нар их завгүй байгаа юм байна шүү дээ.
Хонгор	Тийм, бид их завгүй байна.
Мягмар	За чамайг найзууд чинь хүлээгээд байна. Дараа уулзъя.

Шинэ үг

надад	나에게	чамд	너에게
гар утас	휴대폰	ирэх	오다
ярих	이야기하다, 말하다	тэнд	거기
энд	여기	бид	우리
тэд	그들	сагсан бөмбөг	농구
бэлтгэх	준비하다	өдөр бүр	매일
бага	적다, 작다	ямар	어떤 , 무슨
зав	여유	хүлээх	기다리다
амар	쉬운, 편안한	унтах	자다, 잠들다
бид нар	우리(들)	та нар	너희, 너희들
тэд нар	그들, 그 사람들	тэмцээн	경기, 대회
хийх	하다	үзэг	볼펜
өнөө	현재, 오늘, 그	нөгөө	다른, 그
ийм	이런	чармайх	노력하다
эдгээр	이러한, 이런 식의	тэдгээр	그런, 그러한, 그런식의
өдий	이만큼, 이정도, 아직	төдий	그만큼, 그정도, 아직
хэн	누구	юу	무엇, 것
хэдэн	몇	хичнээн	얼마나, 얼만큼
хэдийд	언제, 언제쯤	хаана	어디
хаашаа	어디, 어디로	хаагуур	어디로, 어디어디
хаанаас	어디에서	зам	길

нохой	개	гадаад	외국, 외부
маргааш	내일	өчигдөр	어제
мартах	잊다, 잊어버리다	үзүүлэх	보여주다
зөөх	옮기다, 운반하다	авчирах	가지고 오다, 가져오다
хайр	사랑	гуанз	식당
сурах	배우다, 전공하다	танилцуулах	소개하다

Дүрэм

몽골어에서는 사람과 동물, 물건, 현상의 성질과 수량, 위치, 시간, 사건 등을 바로 지칭하지 않고 대명사를 사용하여 그것들을 나타낸다. 대명사는 명사, 형용사, 동사, 수사, 위치를 대신하는 경우가 대부분이며 인칭대명사, 지시대명사, 의문대명사 등으로 나뉜다.

1. 인칭대명사

인칭대명사에는 모든 격조사를 자유롭게 붙일 수 있다. 인칭대명사는 다음과 같은 형태로 나타난다.

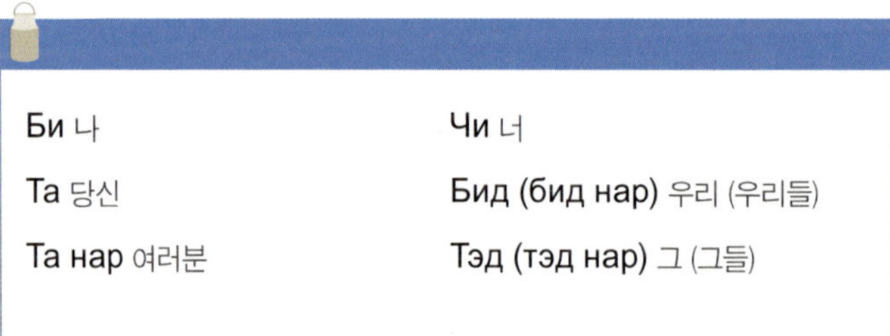

Би 나	Чи 너
Та 당신	Бид (бид нар) 우리 (우리들)
Та нар 여러분	Тэд (тэд нар) 그 (그들)

몽골어의 인칭대명사를 1, 2, 3인칭 대명사로 나눈다.

Жишээ нь:

Би Хонгор байна. Намайг Хонгор гэдэг. Миний нэр Хонгор.

나는 헝거르입니다. 나는 헝거르라고 합니다. 내 이름은 헝거르입니다.

Чи хэн бэ? Чамайг хэн гэдэг бэ? Чиний нэр хэн бэ?

너는 누구니? 너를 뭐라고 부르니? 너의 이름은 무엇이니?

Та хэн бэ? Таны нэрийг хэн гэдэг вэ? Таны ном энэ байна.

당신은 누구입니까? 당신 이름은 무엇입니까? 당신 책이 여기 있습니다.

Бид их завгүй байна. Бид нар тэмцээнд бэлдэж байна.

우리는 아주 바쁘다. 우리는 대회 준비를 하고 있다.

Та нар завтай байна уу? Та нар хичээлээ сайн хий.

너희들은 시간이 있니? 너희는 공부 열심히 해라.

2. 지시대명사

지시대명사에는 모든 격조사를 붙일 수 있고 다음과 같은 다양한 형태가 있다.

Энэ	이
Тэр	저
Эдгээр	이들
Тэдгээр	저들
Ийм	이런
Тийм	그런
Өнөө	이, 현재, 오늘
Нөгөө	그, 그것, 과거
Өдий	이만큼, 이 정도
Төдий	그만큼, 그 정도

Жишээ нь:

Энэ хэн бэ?

이 사람은 누구입니까?

Энэ бол Болд.

이 사람은 벌드입니다.

Тэр юу вэ?

그것은 무엇입니까?

Тэр бол ширээ.

그것은 책상입니다.

Эдгээр зүйл юу вэ?

이것들은 무엇입니까?

Эдгээр зүйл бол ширээ, сандал, ном дэвтэр юм.

이것들은 책상, 의자, 책, 공책입니다.

Тэдгээр зүйл хэнийх вэ?

그것들은 누구의 것입니까?

Тэдгээр зүйл миний найзынх.

그것들은 제 친구의 것입니다.

Танд ийм дэвтэр байна уу?

당신에게 이런 공책이 있습니까?

Надад ийм дэвтэр байхгүй.

나에게 이런 공책이 없습니다.

Танд тийм ном байна уу?

당신에게 그런 책이 있습니까?

Надад тийм ном байгаа.

나에게 저런 책이 있습니다.

Та өнөө үзгээ мартав аа!

그 볼펜 잊지 마!

За, би өнөө үзгээ мартахгүй ээ.

그래, 그 볼펜 안 잊을게.(잊지 않고 챙길게)

Чи нөгөө зүйлээ үзүүлээч!

너 그거 보여 줘!

За, би нөгөө зүйлээ одоохон үзүүлье.

그래, 내가 그거 보여줄게.

Чи өдий болтол юу хийв?

너 지금까지 뭐 했니?

Би өдий болтол хичээлээ давтлаа.

난 지금까지 공부를 했어.

Чи өчигдөр төдий хүртэл хаана байсан бэ?

너 어제 그 시간까지 어디 있었니?

Би өчигдөр төдий хүртэл гадаа суусан.

난 어제 그 시간까지 밖에 앉아 있었어.

3. 의문대명사

의문대명사는 다음과 같은 형태로 나타난다.

Хэн?	누가
Юу?	무엇
Ямар?	어떤, 무슨
Аль?	어느
Хэдэн?	몇
Хичнээн?	얼마나
Хэзээ?	언제
Хэдийд?	언제쯤
Хаана?	어디
Хаашаа?	어디로
Хаанаас?	어디에서
Хаагуур?	어디로, 어디 어디

Жишээ нь:

Энэ хэн бэ?

이 사람은 누구입니까?

Энэ бол Сувд.

이 사람은 솝드입니다.

Тэр юу вэ?

그것은 무엇입니까?

Тэр бол нохой.

그것은 개입니다.

Энэ ямар үнэтэй вэ?

이것은 얼마입니까?

Энэ 25000 төгрөгний үнэтэй.

이 물건 가격은 25000 투그릭입니다.

Аль замаар явах вэ?

어느 길로 갑니까?

Баруун талын замаар нь яваарай.

오른쪽 길로 가세요.

Одоо хэдэн цаг болж байна вэ?

지금 몇 시입니까?

Одоо 12 цаг 36 минут болж байна.

지금 12시 36분입니다.

Гадаад руу хичнээн хүн явах вэ?

외국으로 몇 명이 갑니까?

Гадаад руу 30 гаруй хүн явна.

외국으로 30여 명이 갑니다.

Та хэзээ ирэх вэ?

당신은 언제 옵니까?

Би маргааш ирнэ.

나는 내일 옵니다.

Тэр хэдийд явах бол?

그는 언제쯤 가나요?

Тэр үдээс хойш л явах байх.

그는 오후쯤에나 갈 것입니다.

Энэ хичээл хаана орох вэ?

이 수업은 어디서 합니까?

Энэ хичээл төв байранд орно.

이 수업은 중앙 건물에서 합니다.

Чи хаашаа явж байна (вэ)?

너 어디 가니?

Би сургууль руу явж байна.

나는 학교에 가는 중이다.

Тэр хаанаас ирсэн бэ?

그는 어디에서 왔습니까?

Тэр хөдөөнөөс ирсэн.

그는 시골에서 왔습니다.

Гуанз руу хаагуур явах вэ?

식당은 어느 쪽으로 갑니까?

Гуанз руу зүүн талаар нь явна.

식당은 왼쪽 길로 갑니다.

Эхийг уншаарай

Чиний нэрийг хэн гэдэг вэ? Ямар ажил хийдэг вэ? Миний нэрийг Юү На гэдэг. Би одоо Солонгосын Гадаад Судлалын Их Сургуульд сурч байна. Чи ангийнхаа оюутнуудын тухай танилцуулаач. Бид ангидаа арван хоёулаа байдаг. Бид нар монгол хэл сурч байна. Монгол хэл сурах тийм амар биш. Гэхдээ хэдий чинээ чармайна, төдий чинээ сайн сурдаг.

Дасгал ажил

Дасгал 1.

빈칸에 알맞은 대명사를 넣어 문장을 완성해 봅시다.

1. ________ хоол идэж байна.
2. ________ нэр хэн бэ?
3. Энд сууж бай. ________ одоо мөнгө өгнө.
4. ________ одоо завтай.
5. ________ өнгөрсөн долоо хоногт юу хийсэн бэ?
6. Одоо ________ байрандаа очсон.

Дасгал 2.

다음 문장들 중 틀린 것을 골라 봅시다.

1. Би чамд хайртай.
2. Чи чамд хайртай.
3. Та чамд хайртай.
4. Бид чамд хайртай.
5. Та нар чамд хайртай.
6. Тэд нар чамд хайртай.

Дасгал 3.

다음 빈칸에 어울리는 지시대명사를 채워 봅시다.

Баяраа: ______ юу вэ?

Баасан: Энэ бол ширээ.

Баяраа: Хэний ширээ вэ?

Баасан: ______ найзын ширээ.

Баяраа: Та маргааш ______ номоо марталгүй авчираарай.

Баасан: За, би маргахгүй ээ. Чи ______ болтол юу хийж байна?

Баяраа: Би ______ болтол хичээлээ хийсэн юм.

Дасгал 4.

문장에 어울리는 지시대명사를 골라 봅시다.

1. Та эдгээр/өдий юмыг хурдан зөөгөөрөй.
2. Чи ингэж/нөгөө номоо авчираарай.
3. Та нар эдгээр/өдий юманд хүрч болохгүй шүү.
4. Тэр өдий/эдгээр болтол ном уншиж байна.
5. Түүнд төдий/ийм сайхан ном байгаа болов уу?
6. Би эдгээр/өдий юмыг их хайрладаг.

Дасгал 5.

다음 문장에서 의문대명사를 찾아 써 봅시다.

1. Энэ хэн бэ? Энэ бол Эрдэнээ.
2. Тэр юу вэ? Тэр бол машин.
3. Энэ ямар машин бэ? Энэ сайхан машин.
4. Хот руу аль автобус явах вэ? Хот руу хөх автобус нь явна.
5. Одоо хэдэн цаг болж байна вэ? Одоо 6 цаг болж байна.
6. Хичнээн хүн монгол хэл сурч байна вэ? Арван таван хүн монгол хэл сурч байна.

Дасгал 6.

빈칸에 알맞은 단어를 넣어 질문과 그에 대한 대답을 완성해 봅시다.

1. Энэ ______ бэ?

   ______ цагдаа.

2. Тэр ______ вэ?

   ______ нохой.

3. Энэ ______ машин бэ?

   Энэ их сайн ______

4. Чи ______ цагт босох вэ?

Би 5 цагт ______

5. ______ хүн хэл сурч байна вэ?

20 гаруй ______ хэл сурч байна.

6. Та ______ эргэж ирэх вэ?

______ маргааш эргэж ирнэ.

ТАВДУГААР ХИЧЭЭЛ

Манай гэр хотын төвд байдаг.

Ариунболд Танай гэр хотын хаана байдаг вэ?

Амарсанаа Манай гэр хотын төвд байдаг.

Ариунболд Чи гэртээ хэн, хэний хамт амьдардаг вэ?

Амарсанаа Би аав, ээж, дүүгийн хамт амьдардаг.

Ариунболд Танай гэр бүлийн хамгийн эрхэм зүйл юу вэ?

Амарсанаа Манай гэр бүлийн хамгийн эрхэм зүйл бол эрүүл мэнд.

Ариунболд Чиний аав ямар ажил хийдэг вэ?

Амарсанаа Миний аав их сургуулийн багш.

Ариунболд Чиний ээж хаана ажилладаг вэ?

Амарсанаа Миний ээж дунд сургуулийн номын санд ажилладаг.

Ариунболд Чиний дүүгийн сургууль хаана байдаг вэ?

Амарсанаа Миний дүүгийн сургууль манай гэртэй ойрхон байдаг.

Шинэ үг

танай	너희, 당신의	манай	우리
хот	도시	төв	중앙, 중심
хэн, хэн	누구 누구	хамт	함께
амьдрах	살다	эрхэм	존경하는, 소중한
хамгийн	가장, 최근의	эрүүл мэнд	건강
орой (уулын)	윗부분(산의)	ажил	일, 직업
их сургууль	대학교	номын сан	도서관
самбар	칠판	кино	영화
жүжигчин	배우	хоол	식사
адуу	말(여러 마리의)	малгай	모자
морь	말	эмээл	안장
гүрэн	제국	тэмээ	낙타
далай	바다	бугуй	손목
дэлхий	지구	газрын зураг	지도
аяга	컵, 잔	баян	부자, 풍부한
хаан	왕	ардын дуу	민요
хатан	왕비	үзэсгэлэн	전시회
ордон	궁전	дотор	안
бодлого	정책	уулзах	만나다
ой	숲	хавар	봄
давс	소금	бүч	끈, 줄
гар	손	цэцэг	꽃
ор	침대	зун	여름
намар	가을	өвөл	겨울

Дүрэм

몽골어의 소유격은 모든 것의 의미를 확인, 확정, 소속, 소유, 수량의 지칭 등을 나타낼 때 쓰인다. 몽골어의 소유격조사는 아래와 같은 형태를 가진다.

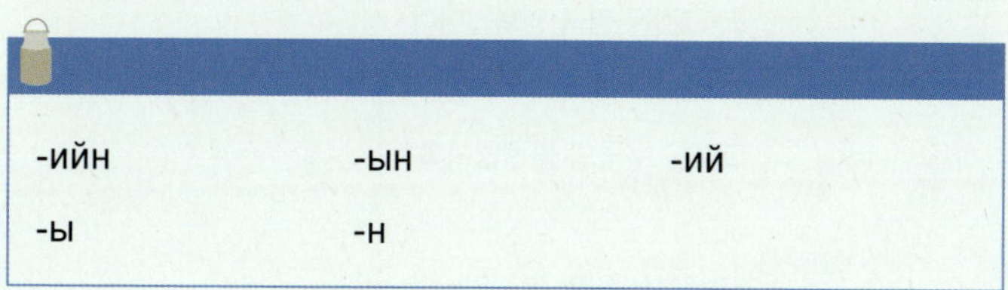

-ийн	-ын	-ий
-ы	-н	

1. 소유격 "-ийн" 조사를 바르게 사용하기

소유격 "-ийн" 조사를:

1. 단모음과 -н-을 제외한 자음으로 끝난 여성모음어 뒤에 연결한다.
2. -ж, -ч, -ш, -г, -ь, -и -로 끝난 남성모음어 뒤에 연결한다.

Жишээ нь:

Энэ хэний цүнх вэ?
이 가방은 누구의 가방입니까?

Энэ ээжийн цүнх.
이 가방은 어머니의 가방입니다.

Энэ хэний зураг вэ?
이 그림은 누구의 그림입니까?

Энэ Дэлгэрийн зураг.
이 그림은 델게르의 그림입니다.

Энэ хаанахын самбар вэ?

이 칠판은 어디의 칠판입니까?

Энэ ангийн самбар.

이 칠판은 교실 칠판입니다.

Тэр хаанахын кино вэ?

이 영화의 어느 나라의 영화입니까?

Тэр Английн кино.

그것은 영국 영화입니다.

Тэр хэний үзэг вэ?

그것은 누구의 볼펜입니까?

Тэр багшийн үзэг.

그것은 선생님의 볼펜입니다.

Тэр хэний аав вэ?

그분은 누구의 아버지입니까?

Тэр Дашийн аав.

그분은 다쉬의 아버지입니다.

2. 소유격 "-ын" 조사를 바르게 사용하기

소유격 "-ын" 조사를 단모음과 -н-을 제외한 자음으로 끝난 남성모음어 뒤에 연결한다.

Жишээ нь:

Энэ хэний гэр вэ?

여기는 누구의 집입니까?

Энэ ахын гэр.

이 집은 형님 집입니다.

Энэ хэний зурагт вэ?

이 텔레비전은 누구의 것입니까?

Энэ аавын зурагт.

이 텔레비전은 아버지의 것입니다.

Энэ хаанахын ширээ вэ?

이 책상은 어디의 테이블입니까?

Энэ галын өрөөний ширээ.

이 테이블은 부엌 테이블입니다.

Тэр хаанахын жүжигчин бэ?

그 배우는 어느 나라 사람입니까?

Тэр Солонгос улсын жүжигчин.

그 배우는 한국 사람입니다.

Тэр хэний хоол вэ?

그 식사는 누구의 것입니까?

Тэр Батын хоол.

그것은 바트의 식사입니다.

Тэр хаанахын дэвтэр вэ?

그 공책은 어디의 것입니까?

Тэр Монголын дэвтэр.

그것은 몽골 공책입니다.

3. 소유격 "-ы" 조사를 바르게 사용하기

소유격 "-ы" 조사를 "-н" 으로 끝난 남성모음어 뒤에 연결한다.

Жишээ нь:

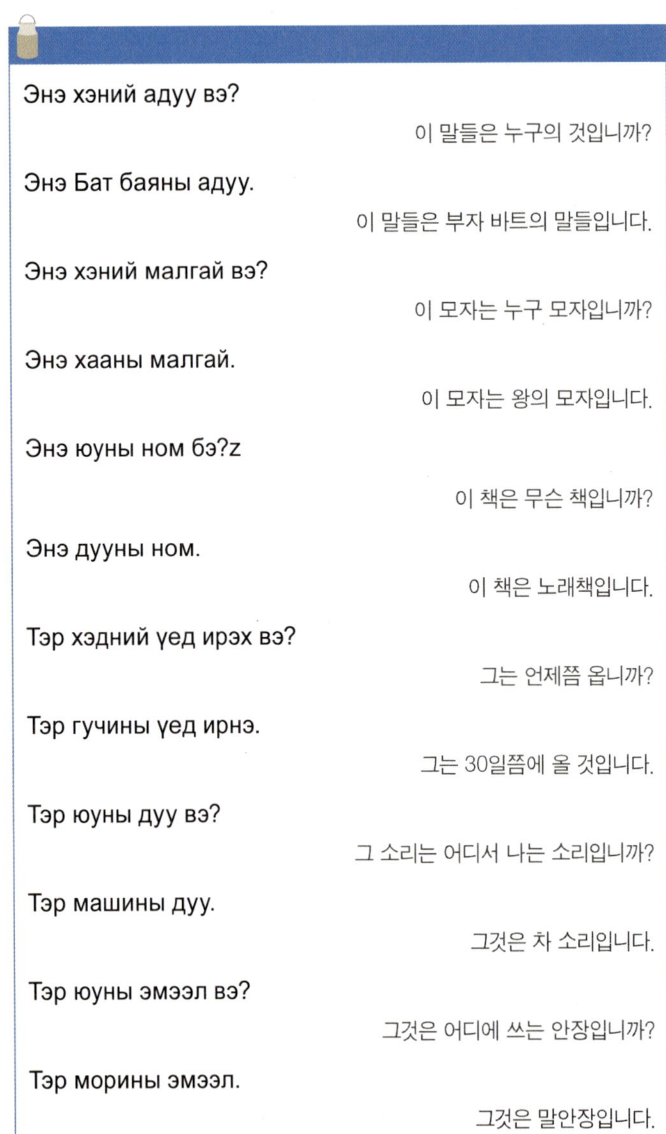

Энэ хэний адуу вэ?

이 말들은 누구의 것입니까?

Энэ Бат баяны адуу.

이 말들은 부자 바트의 말들입니다.

Энэ хэний малгай вэ?

이 모자는 누구 모자입니까?

Энэ хааны малгай.

이 모자는 왕의 모자입니다.

Энэ юуны ном бэ?z

이 책은 무슨 책입니까?

Энэ дууны ном.

이 책은 노래책입니다.

Тэр хэдний үед ирэх вэ?

그는 언제쯤 옵니까?

Тэр гучины үед ирнэ.

그는 30일쯤에 올 것입니다.

Тэр юуны дуу вэ?

그 소리는 어디서 나는 소리입니까?

Тэр машины дуу.

그것은 차 소리입니다.

Тэр юуны эмээл вэ?

그것은 어디에 쓰는 안장입니까?

Тэр морины эмээл.

그것은 말안장입니다.

4. 소유격 "-ий" 조사를 바르게 사용하기

소유격 *"-ий" 조사를* -н으로 끝난 여성모음어 뒤에 연결한다.

Жишээ нь:

Энэ хэний ном бэ?

이 책은 누구의 책입니까?

Энэ хүний ном.

이 사람의 책입니다.

Энэ алиных нь дэвтэр вэ?

이것은 누구의 책입니까?

Энэ тэрний дэвтэр.

이것은 그 사람의 책입니다.

Энэ хаанахын гэрээ вэ?

이것은 어디의 계약입니까?

Энэ их гүрний гэрээ.

이것은 대제국의 계약입니다.

Чи хэдний өдөр ирэх вэ?

너는 며칠쯤에 오니?

Би арван дөрөвний өдөр ирнэ.

나는 14일에 온다.

Тэр юуны эмээл вэ?

그것은 무엇에 쓰는 안장입니까?

Тэр тэмээний эмээл.

그것은 낙타 안장입니다.

Тэр хэний анги вэ?

그는 어떤 반입니까?

Тэр бидний анги.

그는 우리 반이다.

5. 소유격 “-н” 조사를 바르게 사용하기

소유격 “-н” 조사를 이중모음으로 끝난 남성모음어, “-ий” 로 끝난 여성모음어에 연결한다.

Жишээ нь:

Энэ юуны ус вэ?

이것은 어디 물입니까?

Энэ далайн ус.

그것은 바닷물입니다.

Энэ юуны дуу вэ?

이것은 무슨소리입니까?

Энэ нохойн дуу.

이것은 강아지(짖는)소리입니다.

Энэ юуны цаг вэ?

이것은 어떤 시계입니까?

Энэ бугуйн цаг.

이것은 손목 시계입니다.

Тэр юуны орой вэ?

그것은 무엇의 윗부분입니까?

Тэр малгайн орой.

그것은 모자 윗부분입니다.

Тэр юуны зураг вэ?

그것은 무슨 지도입니까?

Тэр дэлхийн газрын зураг.

그것은 세계 지도입니다.

Тэр хоолоо идсэн үү?

그는 밥을 먹었습니까?

Тэр оройн хоолоо идээгүй байна.

그는 저녁을 먹지 않았습니다.

Эхийг уншаарай

Энэ миний аавын ажил. Манай аав их сургуулийн багш. Харин ээж цэцэрлэгийн эрхлэгч. Би одоо Монгол Улсын Их Сургуульд сурч байна. Сургуулиа төгсөөд судалгааны ажил хийнэ. Миний сонирходог зүйл бол байгаль. Тийм болохоор байгалийн үзэсгэлэнт газар зугаалах дуртай. Монгол орны байгаль их сайхан санагддаг. Тэр дундаа монгол орны говийн байгаль их таалагддаг.

Дасгал ажил

Дасгал 1.

빈칸에 알맞은 단어를 넣어 질문과 그에 대한 대답을 완성해 봅시다.

1. Энэ хэний аав бэ?

   Энэ Сүрэн ______ аав.

2. Энэ ______ аяга вэ?

   Энэ ээжийн аяга.

3. Энэ хэний машин бэ?

   Энэ дүү ______ машин.

4. Тэр юуны хаалга вэ?

   Тэр сургууль ______ хаалга.

5. Тэр ангийн цонх мөн үү?

   Тийм, тэр анги ______ цонх.

6. Тэр багш ______ үзэг мөн үү?

   Үгүй, тэр багш ______ үзэг биш.

Дасгал 2.

빈칸에 알맞은 소유격 조사를 써 봅시다.

1. Энэ ах ______ найз.
2. Тэр аав ______ дүү.
3. Энэ сургуулийн ном ______ сан.

4. Тэр Бат ________ хүүхэд.

5. Энэ хана ________ зураг.

6. Тэр залуу ________ малгай.

Дасгал 3.

알맞은 소유격 어미를 활용한 단어를 골라 문장을 완성해 봅시다.

1. Олны/Олоний/үг ортой.

2. Баянын/Баяны/явдал балагтай.

3. Ардын дууны/Ардын дуугийн/сайхан ая эгшиглэнэ.

4. Хааний/Хааны/хатан үзэсгэлэнтэй.

5. Тэр ордоны/ордонгын/дотор их сайхан.

6. Гучины/Гучийн/орой уулзалттай.

Дасгал 4.

주어진 어휘를 활용해 다음과 같이 질문에 답해봅시다.

1. Энэ хэний найз вэ? /би/

____

2. Энэ хэний машин бэ? /чи/

____

3. Энэ хаанахын бодлого вэ? /их гүрэн/

____

4. Тэр юуны тэрэг вэ? /тэмээ/

____

5. Тэр хаанахын хүн бэ? /хөдөө/

6. Хэдний өдөр вэ? /дөрөв/

Дасгал 5.

다음 문장에서 소유격 어미를 활용한 어휘를 찾아봅시다.

1. Ойн мод урттай, богинотой байдаг.
2. Хангайн уулс өндөр, нам харагдана.
3. Далайн ус давстай юм.
4. Малгайн бүч урт тусмаа сайн.
5. Дэлхийн хүмүүс олон хэлээр ярьдаг.
6. Нохойн дуу ойртож байна.

Дасгал 6.

아래의 어휘를 소유격으로 만들어 봅시다.

ном-номын

дэвтэр-

гэр-

ажил-

цэцэг-

зурагт-

үзэг-

зураг-

нохой-

гар-

ширээ-

говьхангай-

ор-

намар-

хавар-

хуучин-

Бат-

аав-

ах-

анги-

машин-

зун-

өвөл-

шинэ-

аяга-

Жон-

ээж-

эгч-

сургууль-

ЗУРГАДУГААР ХИЧЭЭЛ

Би гэртамьдардаг.

Болор	Надад нэг асуулт байна.
Солонго	За, асуултаа асуугаарай.
Болор	Чи юунд амьдардаг вэ?
Солонго	Би гэрт амьдардаг.
Болор	Танай гэр хаана байдаг вэ?
Солонго	Манай гэр хоёрдугаар хороололд байдаг.
Болор	Танай гэрт юу, юу байдаг вэ?
Солонго	Манай гэрт айлд байдаг бүх юм байгаа.
Болор	Өө за, танайд нохой байдаг уу?
Солонго	Банхар гэдэг нэртэй нэг нохой байдаг.
Болор	Чи тэрэнд хайртай юу?
Солонго	Тийм, би тэрэнд их хайртай.

Шинэ үг

асуух	묻다, 질문하다	гэр	집
эрт	일찍	аймаг	아이막 (몽골의 행정단위)
хороолол	구역, 단지	зүйл	사항, 것
өгөх	주다	түлх	밀다
залуу	젊은	засгийн газар	정부
тоо	숫자	золгох	마중하다
бараалхах	알현하다, 면담하다	хурал	회의
чуулах	모이다	өргөө	궁전, 궁궐
түр	잠깐, 임시	саатах	지체되다
хүлээн авалт	회견	ерөнхийлөгч	대통령
захиа	편지	нас	나이
компани	회사	бороо	비
хагацах	헤어지다, 작별하다	хань	배우자, 동반자
нөхөр	남편	орох	들어가다
үг	단어, 말	бүү	아니, 안
хэлэх	말하다	жаргах	행복을 누리다
ам	입	нар жаргах	(해가)떨어지다
сэрэмж	경고	хэрэг	사건, 것
зовох	고생하다	хатуужил	인내심, 내구성
эрдэм	지식	сур	가죽, 끈
мал	가축	бэлчих	방목하다
бэлэн	준비	хаях	버리다
бэрх	어려운	гэдэс	배
гүйх	달리다, 뛰다	садаа	방해
газар	땅		

Дүрэм

몽골어의 여처격은 위치, 공간, 목적, 목표, 시간, 기간의 의미를 부과하는 역할을 한다. 몽골어의 여처격조사는 다음과 같은 형태를 가진다.

-д	-т	-аа

1. 여처격 조사를 바르게 사용하기

여처격 "-д" 조사를 :

1. 모음과 н, -м, -л 자음으로 끝난 단어와 숨은 н이 있는 단어에 연결한다.
2. -д, -т, -ж, -з, -ц, -ч, -х, -ш 자음으로 끝난 단어에 정서법에 따라 관련모음을 첨가하여 연결한다.

Жишээ нь:

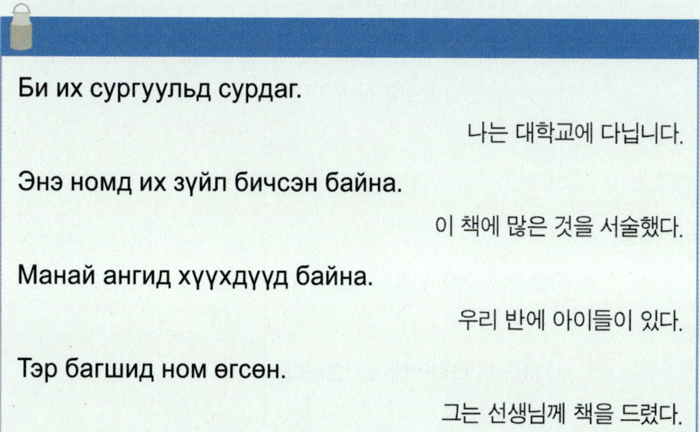

Би их сургуульд сурдаг.
나는 대학교에 다닙니다.

Энэ номд их зүйл бичсэн байна.
이 책에 많은 것을 서술했다.

Манай ангид хүүхдүүд байна.
우리 반에 아이들이 있다.

Тэр багшид ном өгсөн.
그는 선생님께 책을 드렸다.

Оюутан эмчид үзүүлсэн.

대학생은 의사에게 진찰 받았다.

Би ахад зургаа үзүүллээ.

나는 형에게 그림을 보여주었다.

2. 여처격 "-т" 조사를 바르게 사용하기

여처격 "-т" 조사를 -в, -г, -р, -с, -д 자음으로 끝난 단어에 연결한다.

Жишээ нь:

Чи хаана байна вэ?

너는 어디 있니?

Би дэлгүүрт байна.

난 가게에 있습니다.

Тэр хаана амьдардаг вэ?

그는 어디에 삽니까?

Би Улаанбаатарт амьдардаг.

나는 울란바타르에 삽니다.

Чи хэдэн цагт явах вэ?

너는 몇 시에 가니?

Би гурван цагт явна.

나는 3시에 간다.

Одоо ямар аймагт очих вэ?

지금 어느 아이막에 도착합니까?

Одоо Төв аймагт очно.

지금 툽 아이막에 도착합니다.

Тэр залууст юу хэрэгтэй байна вэ?

그 젊은이들에게는 뭐가 필요합니까?

Тэр залууст дуу хөгжим хэрэгтэй.

그 사람들에게 노래와 악기가 필요합니다.

Энэ самбарт юу бичсэн байна вэ?

이 칠판에는 무엇이 쓰여 있습니까?

Энэ самбарт тоо бичсэн байна.

이 칠판에 숫자가 쓰여 있습니다.

3. 여처격 "-aa" 조사를 바르게 사용하기

여처격 "-aa" 조사를 존대의 의미를 가진 단어에 사용한다. 문장에서 -aa 조사를 사용할 때 해당 문장의 주어는 존대의 형태로 사용된다.

Жишээ нь:

Би аав танаа золгохоор ирлээ.

저는 아버님을 뵈러 왔습니다.

Улаанбаатар хотноо их хурал чуулж байна.

울란바타르 시에서 국회가 소집 중이다.

Хааны өргөөнөө түр саатаад ирлээ.

왕 궁전에 잠시 들렀다 왔다.

Засгийн газрын ордоноо хүлээн авалттай.

정부 청사에서 회견이 있다.

Ерөнхийлөгч танаа энэ захидлыг илгээв.

대통령 각하께 이 편지를 드립니다.

Эхийг уншаарай

Би Улаанбаатар хотод амьдардаг. Одоо би Улсын Багшийн Их Сургуульд сурч байна. Манай хичээл хийдэг байранд сургуулийн төв номын сан байдаг. Тэр номын санд олон төрлийн шинэ ном бий. Харин манай ангид номын сан байхгүй. Гэрт бол олон ном байдаг. Аавд хүмүүс ном их бэлэглэдэг. Аавын номын өргөөнөө би сууж ном уншдаг. Ээж дүүд үлгэрийн ном их авч өгдөг.

Дасгал ажил

Дасгал 1.

아래의 단어들을 여처격으로 바꿔 쓰고, **"Би ______ ажилладаг"** 라는 문장에 적용시켜 적어 봅시다.

1. сургууль ______ : Би сургуульд ажилладаг.
2. номын сан ______ : ______
3. хороолол ______ : ______
4. байшин ______ : ______
5. гуанз ______ : ______
6. компани ______ : ______

Дасгал 2.

빈칸에 알맞은 여처격 조사를 써 봅시다.

1. Энэ ном манай ах ______ байдаг.
2. Тэр ах аавын компани ______ ажилладаг.
3. Ийм ном сургуулийн номын сан ______ бий.
4. Тэр эмэгтэй Бат ______ хайртай.
5. Манай багш ______ олон дэвтэр байна.
6. Энэ далай ______ зугаалах сайхан.

Дасгал 3.

아래의 단어들을 여처격으로 바꿔 쓰고, 빈칸에 채워 문장에 적용시켜 적어 봅시다.

Жишээ нь:

цаг+т=цагт *Би 8 цагт босдог* гэх мэт

1. цаг ______ : Би 10 ______ сургуульдаа явдаг.

2. байр ______ : Би ______ суудаг.

3. дэлгүүр ______ : Тэр ______ ажилладаг.

4. Улаанбаатар ______ : ______ өнөөдөр бороотой.

5. аймаг ______ : Дорнод ______ хуралтай.

6. тасаг ______ : Манай ______ ирээрэй.

Дасгал 4.

아래의 빈칸에 알맞은 여처격을 쓰고 소리 내어 읽어 봅시다.

1. Би хот ______ амьдардаг.

2. Миний найз гэр ______ суудаг.

3. Энэ дэвтэр ______ бичиг байна.

4. Дүү сүү ______ дуртай.

5. Энэ нохой ______ нэр өгөөрэй.

6. Тэр машин ______ суугаад яваарай.

Дасгал 5.

문장의 문맥에 알맞게 활용된 단어를 골라 봅시다.

1. Улаанбаатар хотноо/хотоор чуулгантай.

2. Аав танаар/танаа захиа илгээв.

3. Ерөнхийлөгчийн өргөөнөө/өргөөгийн уулзалттай.

4. Хааны ордон/ордоноо бараалхах хэрэгтэй.

5. Ээж танаа/таныг бэлэг хүргүүлэв.

6. Захирлын өргөөгөөр/өргөөнөө маргааш уулзая.

Дасгал 6.

아래의 어휘를 여처격으로 만들어 봅시다.

ном-номд

дэвтэр-

гэр-

ажил-

цэцэг-

зурагт-

хангай-

ор-

намар-

хавар-

хуучин-

үзэг-

зураг-

нохой-

гар-

ширээ-

говь-

машин-

зун-

өвөл-

шинэ-

аяга-

Бат-

Жон-

аав-

ээж-

ах-

эгч-

анги-

сургууль-

дэвтэр

ДОЛООДУГААР ХИЧЭЭЛ

Би багшийг хүлээж байна.

Алтай	Сайн уу?
Байгаль	Сайн. Сайн уу? Чамаар сонин сайхан юу байна?
Алтай	Тайван сайхан байна.
Байгаль	Чи хэнийг хүлээж байна вэ?
Алтай	Би багшийг хүлээж байна.
Байгаль	Ямар хэргээр хүлээж байна вэ?
Алтай	Би багшийн номыг өгөх хэрэгтэй байна.
Байгаль	Танай багшийг хэн гэдэг вэ?
Алтай	Түүнийг Цэрмаа гэдэг.
Байгаль	Цэрмаа багш сайн багш уу?
Алтай	Тийм, би Цэрмаа багшийг их сайн багш гэж боддог.
Байгаль	Өө, их сайн байна. За дараа уулзъя.

Шинэ үг

тайван	안전한, 평안한	сайхан	좋은, 잘
зурах	그리다	гэрэл	빛
цэвэрлэх	청소하다	унтраах	끄다
үзэх	보다	онгойлгох	열다
сонирхох	구경하다	том	큰
загвар	디자인, 유행	илүү	더, 많은
өрөө	방	зорих	향하다
толгой /уулын	정상, 봉우리	яаж	어떻게
гатлах	건너다	мөнгө	돈, 은
авах	받다	үнэн	사실, 진실
аймхай	겁이 많은	унах	타다, 떨어지다
өнөөдөр	오늘	шагнах	상을 주다
сонсох	듣다	хуудас	장
бөглөх	막다	бөөрөнхий	동그란
жаахан	조금	анагаах ухаан	의학
төгсөх	졸업하다	амжилт	성공
ач	은혜, 손자	хариулах	대답하다
эмчлэх	치료하다	хариуцлага	책임
эргэлзэх	고민하다		

Дүрэм

몽골어의 대격은 어떤 것을 다른 것과 분리시키고 가리키는 역할을 한다. 몽골어의 대격조사는 다음과 같은 형태를 가진다.

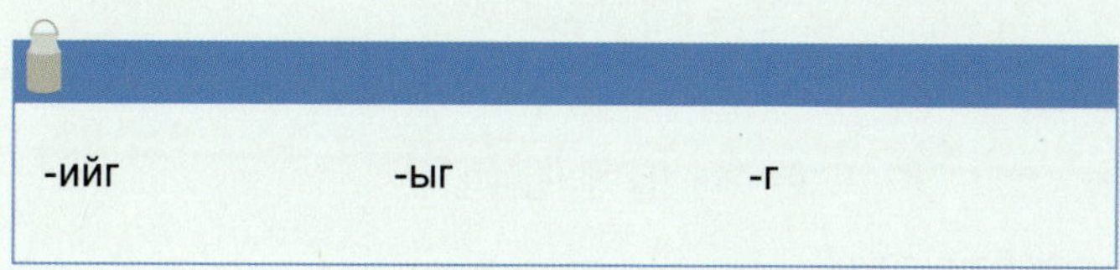

-ийг	-ыг	-г

1. 대격 "-ийг" 조사를 바르게 사용하기

대격 *"-ийг" 조사를*

1. 단모음과 장음으로 끝난 여성모음어에 연결한다.
2. -ж, -ч, -ш, -г, -ь, -и -로 끝난 남성모음어에 연결한다.

Жишээ нь:

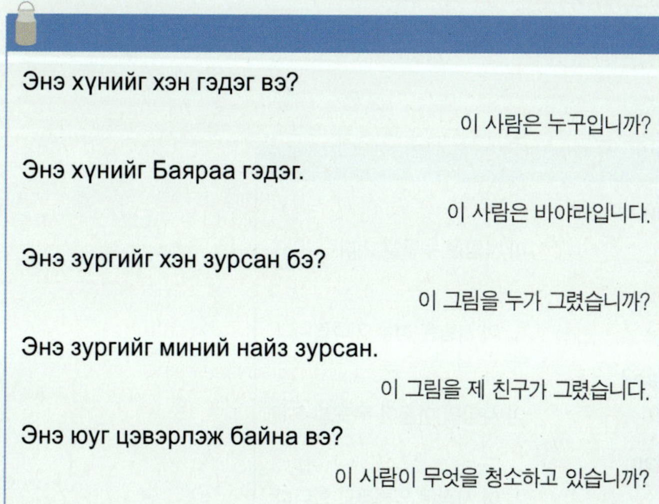

Энэ хүнийг хэн гэдэг вэ?

이 사람은 누구입니까?

Энэ хүнийг Баяраа гэдэг.

이 사람은 바야라입니다.

Энэ зургийг хэн зурсан бэ?

이 그림을 누가 그렸습니까?

Энэ зургийг миний найз зурсан.

이 그림을 제 친구가 그렸습니다.

Энэ юуг цэвэрлэж байна вэ?

이 사람이 무엇을 청소하고 있습니까?

Энэ ангийг цэвэрлэж байна.

이 사람이 교실을 청소하고 있습니다.

Тэр гэрлийг хэн унтраасан бэ?

그 불을 누가 껐습니까?

Тэр гэрлийг аав унтраасан.

그 불을 아버지가 끄셨습니다.

Тэр хэнийг хүлээж байна вэ?

그는 누구를 기다립니까?

Тэр ээжийг хүлээж байна.

그는 어머니를 기다립니다.

Тэр хэний дэвтэрийг үзэж байна вэ?

그는 누구의 공책을 보고 있습니까?

Тэр миний дэвтэрийг үзэж байна.

그는 나의 공책을 보고 있습니다.

2. 대격 "-ыг" 조사를 바르게 사용하기

대격 "-ыг" 조사를 단모음과 자음으로 끝난 남성모음어에 연결한다.

Жишээ нь:

Энэ хэнийг хүлээж байна вэ?

이 사람은 누구를 기다립니까?

Энэ ахыг хүлээж байна.

이 사람은 형을 기다립니다.

Энэ даргыг хэн гэдэг вэ?

이 사장의 이름이 무엇입니까?

Энэ даргыг Энхээ гэдэг.

이 사장은 잉헤라고 합니다.

Энэ хэдийг авах вэ?

이 사람은 몇 개를 받을 겁니까?

Энэ хоёрыг авах юм байна.

이 사람은 두 개를 받을 겁니다.

Тэр юуг сонирхож байна вэ?

그는 무엇을 구경하고 있습니까?

Тэр номыг сонирхож байна.

그는 책을 구경하고 있습니다.

Тэр ямрыг авна гэж байна вэ?

그는 어떤 것으로 하겠다고 합니까?

Тэр томыг авна гэж байна.

그는 큰 것으로 하겠다고 합니다.

Тэр алийг нь илүү гэж байна вэ?

그는 어느 쪽을 낫다고 합니까?

Тэр шинэ загварыг нь илүү гэж байна.

그는 새로운 디자인이 낫다고 합니다.

3. 대격 "-г" 조사를 바르게 사용하기

대격 "-г" 조사를

1. 장모음과 이중모음으로 끝난 단어에 연결한다.
2. 후설음 -н으로 끝난 단어 뒤에 연결한다.

Жишээ нь:

Чи юу онгойлгож байна вэ?

당신은 무엇을 열고 있습니까?

Би өрөөг онгойлгож байна.

나는 방을 열고 있습니다.

Би Сарааг танихгүй.

저는 사라를 알지 못합니다/모릅니다.

Чи хаашаа явж байна вэ?

당신은 어디로 갑니까?

Би номын санг зорьж явна.

저는 도서관으로 가는 중입니다.

Чамайг хэн гэдэг вэ?

당신 이름이 무엇입니까?

Намайг Болор гэдэг.

제 이름은 벌러르입니다.

Энэ толгойг юу гэж нэрлэдэг вэ?

이 언덕 이름은 무엇입니까?

Энэ толгойг Зайсан гэж нэрлэдэг.

이 언덕은 자이승이라고 합니다.

Ононг яаж гатлах вэ?

어넝 강을 어떻게 건널까요?

Ононг мориор гатлах хэрэгтэй.

어넝 강은 말을 타고 건너야 합니다.

Эхийг уншаарай

Миний нэрийг Мишээл гэдэг. Миний аавыг Самбуу, ээжийг Нараа, ахыг Магнай, дүүг Жижигээ гэдэг. Би энэ жил Анагаах Ухааны Их Сургуулийг төгсөнө. Сургуулиа амжилттай төгсөж, аав ээж, багш нарынхаа ачийг хариулна. Хүнийг эмчилдэг тул эмч хүн их хариуцлагатай ажиллах ёстой. Үнэнийг хэлэхэд би сайн эмч байна гэдэгтээ жаахан эргэлзэж байна. Учир нь би жаахан аймхай хүн.

Дасгал ажил

Дасгал 1.

빈칸에 알맞은 단어를 넣어 질문과 그에 대한 대답을 완성해 봅시다.

1. Энэ залууг хэн гэдэг бэ?

   Энэ ______ Тэнгис гэдэг.

2. Тэр хүн ______ хэн гэдэг вэ?

   Тэр хүнийг Далай гэдэг.

3. Энэ мөнгө ______ чи авах уу?

   Энэ мөнгийг би авахгүй.

4. Тэр үнэнийг мэдэх үү?

   Тэр үнэн ______ мэднэ.

5. Тэр ангийг онгойлгосон уу?

   Тэр анги ______ онгойлгосон.

6. Миний цүнх ______ авсан уу?

   Чиний цүнх ______ аваагүй.

Дасгал 2.

빈칸에 알맞은 대격 조사를 써 봅시다.

1. Өчигдөр ээж ______ шагнасан.
2. Өнөөдөр эгч ______ бас шагнана.
3. Чи энэ морь ______ унаад яв.

4. Тэр Сүх ________ хүлээж байна.

5. Бид багш ________ харж байна.

6. Энэ өрөөний гэрэл ________ унтраа.

Дасгал 3.

대격을 올바르게 활용한 단어를 골라 문장을 완성해 봅시다.

1. Бид даргыг/даргийг хүлээж байна.
2. Энэ номийг/номыг түүнд өгөх хэрэгтэй.
3. Би Монголыг/Монголтой сонирхож байна.
4. Хаанийг/Хааныг хатан нь хүлээж байна.
5. Тэр Солонгос улсыг/улсийг маргааш зорино.
6. Хориныг/хорийг өнгөрөөгөөд уулзъя.

Дасгал 4.

빈칸에 대격 조사를 알맞게 쓰고 문장을 소리 내어 읽어 봅시다.

1. Тэр одоо миний ах ________ хүлээж байна.
2. Та энэ хуудас ________ бөглөөд хэрэгтэй.
3. Би ________ хүн хүлээж байгаа.
4. Чи ________ бид хүлээж байна.
5. Би арав ________ авъя.
6. Бид Монгол ________ их сонирхож байна.

Дасгал 5.

아래 문장에서 대격을 활용한 어휘를 찾아봅시다.

1. Би ардын дууг сайхан дуулдаг.
2. Чи миний дүүг сайн харж байгаарай.
3. Далайг гатлах их хэцүү байна.
4. Та нар Сүрэнг дуудаад ир.
5. Дэлхийг хүмүүс бөөрөнхий хэлбэртэй гэж боддог.
6. Энэ залууг их эрдэмтэй гэж сонссон.

Дасгал 6.

아래의 어휘를 대격으로 만들어 봅시다.

ном-номыг	үзэг-
дэвтэр-	зураг-
гэр-	нохой-
ажил-	гар-
цэцэг-	ширээ-
зурагт-	говь-
хангай-	машин-
ор-	зун-
намар-	өвөл-
хавар-	шинэ-
хуучин-	аяга-

Бат-

аав-

ах-

анги-

Жон-

ээж-

эгч-

сургууль-

дэвтэр

НАЙМДУГААР ХИЧЭЭЛ

Миний найз.

Билгүүн Сайн уу? Чи хаанаас ирэв?

Амараа Сайн. Сайн уу? Би сургуулиас ирлээ.

Билгүүн Сайн. Сургуулиар сонин юу байна?

Амараа Тайван байна. Харин чиний найз Жон гуанзнаас гарч явна лээ.

Билгүүн Өө тийм үү. Жон одоо ирж надаас ном авна гэсэн.

Амараа Аа тэгвэл удахгүй ирэх байх аа.

Билгүүн Чамаас би нэг зүйл асууж болох уу?

Амараа Бололгүй яахав. Асуу, асуу.

Билгүүн Ойрд найзаас чинь захиа ирж байгаа юу?

Амараа Ирж байгаа. Хэд хоногоос манай сургууль дээр ирнэ гэсэн.

Билгүүн Өө юун сайн юм бэ? Би найзаас чинь юм асуух хэрэг гараад байгаа юм.

АмарааУ дахгүй ирэх байх. Ирэхээр нь би чамд хэлье.

Шинэ үг

ойрд/хугацаа	요즘, 최근	удахгүй	곧
сурагч	학생	авах	받다
худалдаа	판매, 교역	сүү	우유
хоцрох	늦다, 지각하다	үхэр	소
хонь	양	ашиг	이익
халуун	뜨겁다, 덥다	мод	나무
захиа	편지	дулаан	따뜻한
хүйтэн	추운, 차가운	төр	정부
хууль	법	гарах	나가다
хэлэх	말하다	өвгөн	할아버지
бэлэг	선물	намхан	키 작은, 작은
чөлөө	여유, 시간	заавал	반드시
наад	이쪽, 안쪽	өмнө	앞
загас	물고기, 생선	ноос	털
чихэр	사탕	амархан	쉬운
барих	잡다	цалин	월급
буух	내리다	эмгэн	할머니
санаа	생각	хөгшин	나이 든
өндөр	높은	нам	낮은
хөх	짙은 파랑	улаан	붉은 , 빨간
өчигдөр	어제	маргааш	내일
нөгөөдөр	모레		

Дүрэм 

몽골어의 탈격은 주어의 확인, 위치, 지역으로부터 시작, 어떤 것의 주인을 확인 그리고 시간과 기간으로부터의 시작 등을 나타낼 때 쓰인다. 몽골어의 탈격 조사는 다음과 같은 형태를 갖는다.

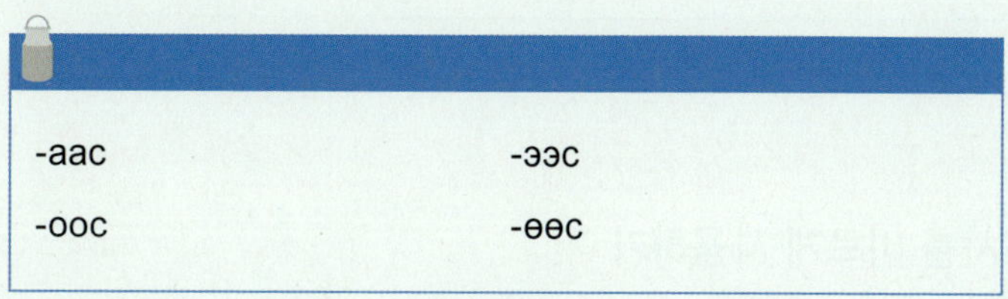

-аас	-ээс
-оос	-өөс

탈격 "-аас, -ээс, оос, -өөс"조사를 바르게 사용하기

1. 몽골어의 모음조화 법칙에 따라 쓴다.
2. 장모음과 이중모음으로 끝난 일부 단어에 숨은 -н, -г를 첨가하여 연결한다.
3. 숨은 -н이 있는 단어의 숨은 -н을 살려 연결한다.
4. 숨은 "-г"가 있는 단어의 숨은 "-г"을 살려 연결한다.

1. 탈격 "-аас" 조사를 바르게 사용하기

Жишээ нь:

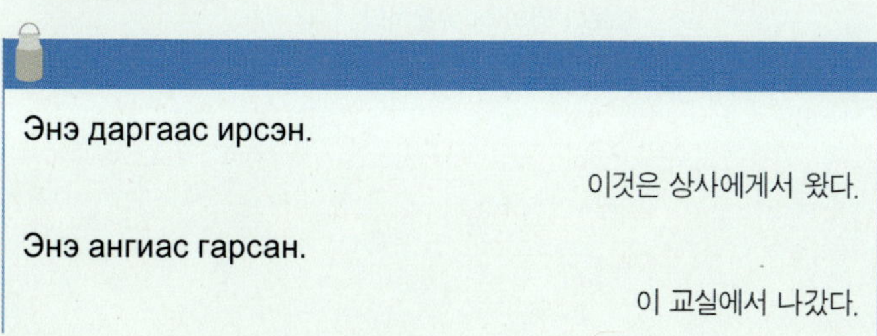

Энэ даргаас ирсэн.

이것은 상사에게서 왔다.

Энэ ангиас гарсан.

이 교실에서 나갔다.

Энэ аймгаас ирсэн.

이 아이막에서 왔다.

Тэр сургуулиас иржээ.

그는 학교에서 왔다.

Түүнийг сурагчаас авсан.

그는 학생에게서 받았다.

Үүнийг худалдаанаас авсан.

이것을 상인에게서 샀다.

2. 탈격 "-ээс" 조사를 바르게 사용하기

Жишээ нь:

Би дэлгүүрээс талх авлаа.

나는 가게에서 빵을 샀다.

Дүү сүүнээс уусан.

동생은 우유를 먹었다.

Тэр хичээлээс хоцорч байна.

그는 수업에 늦었다.

Энэ эгчээс мөнгө авсан.

이 누나/언니에게 돈을 받았다.

Тэр биднээс айж байгаа.

그는 우리를 무서워하고 있다.

Үхрээс хонь ашигтай.

소보다 양이 더 유용하다.

3. 탈격 "-оос" 조사를 바르게 사용하기

Жишээ нь:

Энэ халуун орноос ирсэн.
그는 더운 나라에서 왔다.

Хүн номоос их зүйл сурдаг.
사람이 책에서 많은 것을 배운다.

Би Очироос нэг захиа авлаа.
나는 오치르에게서 편지 한 통을 받았다.

Аав хэд хоногоос ирнэ гэсэн.
아버지는 며칠 후에 오신다고 했다.

Энэ сарын долооноос дулаарна гэнэ.
이번 7월부터 따뜻해진다고 한다.

4. 탈격 "-өөс" 조사를 바르게 사용하기

Жишээ нь:

Өнөө өглөөнөөс хүйтэрч байна.
오늘 아침부터 추워지기 시작했다.

Төрөөс шинэ хууль гаргасан байна.
정부가 새로운 법을 개정했다.

Миний өмнөөс тэр үг хэлжээ.
내가 말하기 전에 그가 말했다.

Өчигдрөөс овоо дулаарч байна.
어제부터 제법 따뜻해지고 있다.

Энэ өвгөнөөс их зүйл асуух хэрэгтэй.
이 할아버지께 많이 물어봐야 한다.

Энэ өвлөөс гадаад явна.
이번 겨울쯤에 외국으로 간다.

Эхийг уншаарай

Би их дэлгүүрээс шинэ хувцас авсан. Тэр их дэлгүүр манай гэрээс холгүй байдаг. Би ааваас ямар хувцас хэрэгтэй байгааг нь асуусан. Маргаашнаас аавын цалин буух тул нөгөөдрөөс өөрөө дэлгүүрээр явна гэсэн. Хэд хоногоос манайд Солонгосоос зочид ирнэ. Тэр хүмүүст бас дэлгүүрээс сайхан бэлэг авах хэрэгтэй. Тэдний бэлгийг ээжээс сайн асууж байж авна.

Дасгал ажил

Дасгал 1.

빈칸에 탈격을 바르게 써 봅시다.

1. Өнөөдөр аав ______ бэлэг ирнэ.
2. Маргааш ах ______ захиа ирнэ.
3. Одоо захирал ______ үг хэлнэ.
4. Одоо би Анхаа ______ ном авахаар явлаа.
5. Энэ байшин ______ өндөр байшин үгүй.
6. Тэр номын сан ______ шинэ ном авсан гэнэ.

Дасгал 2.

아래의 단어들을 탈격으로 활용해 쓰고, 빈칸에 채워 문장에 적용시켜 적어 봅시다.

Жишээ нь:

далай+*аас*=*далайгаас* : *Тэр далайгаас айдаггүй* гэх мэт

1. цаг ______ : Би 10 ______ хуралтай.
2. байр ______ : Би ______ одоо гарлаа.
3. сум ______ : Тэр ______ ирнэ.
4. Улаанбаатар ______ : ______ зочид ирнэ.
5. аймаг ______ : Дорнод ______ миний найз ирж яваа.
6. бараа ______ : Энэ ______ авах хэрэгтэй.

Дасгал 3.

아래의 빈칸에 알맞은 탈격을 쓰고 소리 내어 읽어 봅시다.

1. Энэ эгч миний ээж ________ намхан юм байна.
2. Удахгүй эгч ________ хэл ирнэ гэж бодож байна.
3. Тэд Сөүл ________ өнөөдөр ирэх байх.
4. Энэ хичээл ________ чөлөө авах хэрэгтэй.
5. Одоо бид ________ энэ тухай асуухгүй.
6. Та тэр ________ энэ тухай заавал асуугаарай.

Дасгал 4.

빈칸에 알맞은 단어를 넣어 질문과 그에 대한 대답을 완성해 봅시다.

1. Чи хэн ________ асуух вэ?

   Би Сүхээ ________ асууна.
2. Тэр хэзээ ________ ирэх вэ?

   Тэр нэг ________ ирнэ.
3. Чи хэд ________ буцах вэ?

   Би арван нэг ________ буцна.
4. Тэр чихэр ________ авсан уу?

   Тэр чихэр ________ авсан.
5. Чи тэр ________ асуусан уу?

   Би тэр ________ асуусан.
6. Тэд ________ хэн ирсэн бэ?

   Тэд ________ хэн ч ирээгүй.

Дасгал 5.

다음 문장의 틀린 부분을 고쳐 써 봅시다.

1. Энэ долоо хоногоас ирнэ.
2. Үүнийг Содномээс асуу.
3. Энэ тухай номаас унших хэрэгтэй.
4. Энэ моднээс нэгийг авъя.
5. Хонинөөс ноос гардаг.
6. Энэ голаас загас барихад амархан.

Дасгал 6.

빈칸에 탈격을 알맞게 넣어 대화를 완성해 봅시다.

А: Чи Япон ________ ирсэн үү?

Б: Үгүй, би Япон ________ ирээгүй. Монгол ________ ирсэн.

А: Чи хэзээ буцах вэ?

Б: Би ирэх долоо хоног ________ буцна.

А: Маргааш цаг агаар ямар байх бол?

Б: Би мэдэхгүй. Чи миний найз Соном ________ асуу. Тэр цаг уурт ажилладаг.

Дасгал 7.

아래 문장에서 탈격을 활용한 단어를 골라 봅시다.

1. Бат өглөөнөөс орой болтол ажилласан.
2. Төрөөс шинэ хууль их гаргаж байна.
3. Нөгөөдрөөс бид буцах санаатай.
4. Өчигдрөөс ажил овоо бүтэж байна.
5. Миний өмнөөс чи заавал очоорой.
6. Наад цүнхнийхээ хөхөөс нь хэдийг аваарай.

Дасгал 8

빈칸에 탈격을 알맞게 써 넣어 봅시다.

1. Өглөө ________ орой хүртэл.
2. Өнөөдөр ________ маргааш хүртэл.
3. Өвгөн ________ эмгэн хүртэл.
4. Өндөр ________ нам болтол.
5. Хөгшин ________ залуу хүртэл.
6. Хөх ________ улааныг хүртэл.

Дасгал 9.

아래의 어휘를 탈격으로 만들어 봅시다.

ном-номоос

дэвтэр-

гэр-

ажил-

цэцэг-

зурагт-

хангай-

ор-

намар-

хавар-

хуучин-

Бат-

аав-

ах-

анги-

үзэг-

зураг-

нохой-

гар-

ширээ-

говь-

машин-

зун-

өвөл-

шинэ-

аяга-

Жон-

ээж-

эгч-

сургууль-

ЕСДҮГЭЭР ХИЧЭЭЛ

Аялалаар явна.

Ирээдүй	Чингүүн, чи хаашаа явж байна вэ?
Чингүүн	Би гэрээр орж хувцасаа солихоор явж байна.
Ирээдүй	Чи хувцасаа солиж хаашаа явах нь вэ?
Чингүүн	Би аялалаар явах гэж байна.
Ирээдүй	Чи хаашаа аялалаар явах нь вэ?
Чингүүн	Би хөдөөгүүр аялалаар явна.
Ирээдүй	Чи юугаар явах вэ?
Чингүүн	Би хотоос машинаар явна.
Ирээдүй	Харин хөдөө очоод юугаар явах вэ?
Чингүүн	Хөдөө очоод мориор юмуу тэмээгээр явна гэж бодож байна.
Ирээдүй	Өө яасан сайхан юм бэ? Би ирэх жил аялалаар хөдөө явна аа.
Чингүүн	Тэгээрэй, хөдөө аялалаар явах сайхан шүү дээ.

Шинэ үг

хаашаа	어디로	солих	바꾸다
үг	단어, 말	цай	차
чанах	끓이다	төгрөг	투그릭
наймаа	매매	будах	색칠하다
төсөөлөх	상상하다	хөзөр	카드
тоглох	놀다	мөнгө	돈, 은
ая	음	дуулах	노래하다
нүүр	얼굴	угаах	빨다
оёх	재봉하다, 만들다	дайрах	공격하다, 들리다
дайлах	대접하다	чарга	썰매
гулгах	미끄러지다	эцэс	끝
сүүл	꼬리,마지막	үндэс	뿌리
зугаалах	산책하다	доллар	달러
худалдаа	판매, 교역	худалдааны төв	상가
шөл	국	цадах	배 부르다
төл	새끼	баяжих	부자 되다
өвдөг	무릎	шуудан	통신, 우체국
гуйх	부탁하다	цас	눈 (하늘에서 내리는 눈)
хурдан	빨리	давхих	달리다

Дүрэм

몽골어의 구격조사는 수단으로 하는 동작, 주인의 동작, 도구로 하는 동작, 어떤 것으로 하는 동작, 위치에서 하는 동작, 시간을 나타내는 동작, 수량과 크기로 나타내는 동작 등의 의미를 나타낸다. 몽골어의 구격조사는 다음과 같은 형태를 갖는다.

-аас	-ээс
-оос	-өөс

구격 "-аар, -ээр, оор, -өөр" 조사를 바르게 사용하기

구격 "-аар, -ээр, оор, -өөр" 조사를 :

1. 몽골어의 모음조화 법칙에 따라 연결하여 쓴다.
2. 장모음과 이중모음으로 끝난 단어에 "-г"를 첨가하여 연결한다.
3. 후설음 "-н"으로 끝난 단어에 "-н"를 첨가하여 연결한다.

1. 구격 "-аар" 조사를 바르게 사용하기

Жишээ нь:

Энэ даргаар үг хэлүүлэх хэрэгтэй.

이 사장님을 연설하게 해야 합니다.

Болд багшийн ангиар ажил хийлгээрэй.

벌드 선생님 반에게 일을 시키세요.

Бид номын сангаар ороод ирье.

우리는 도서관을 들렀다 올게.

Миний дүү aaвaap шинэ ном авахуулсан.

내 동생이 아버지에게 새 책을 받았다.

Чамаар хичээл заалгах хэрэгтэй байна.

너에게 수업을 가르칠 필요가 있다.

Би машинаар ирнэ.

나는 차를 타고 오겠다.

2. 구격 "-ээр" 조사를 바르게 사용하기

Жишээ нь:

Би дэлгүүрээр ороод ирье.

나는 가게를 들렀다 올게.

Энэ сүүгээр цай чанаарай.

이 우유를 가지고 차를 끓여라.

Энэ сарын эцсээр гадаад явна.

이번 달 말에 외국으로 간다.

Тэднээр сайн ажил хийлгээрэй.

그들에게 일을 시키세요.

Түүгээр энэ захиаг явуулах хэрэгтэй.

그를 통해 편지를 보내야 한다.

Тэр тэмээгээр ирж яваа.

그는 낙타를 타고 오는 중이다.

3. 구격 "-оор" 조사를 바르게 사용하기

Жишээ нь:

Энэ голоор яаж гарах вэ?

이 강을 어떻게 건넙니까?

Энэ мориор гарч болно.

이 말을 타고 건널 수 있습니다.

Энэ модоор юу хийдэг вэ?

이 나무로 무엇을 합니까?

Та Монголоор ярьж чадах уу?

당신은 몽골어를 할 줄 아십니까?

Би Японоор ярьж чадна.

저는 일본어를 할 줄 압니다.

Би онгоцоор хөдөө явна.

저는 비행기로 시골에 갑니다.

4. 구격 "-өөр" 조사를 바르게 사용하기

Жишээ нь:

Хотын төвөөр хүн их байна.

시내에 사람이 많다.

Монгол төгрөгөөр наймаа хийгээрэй.

몽골 투그릭으로 (물건을) 사세요.

Үүнийг хөхөөр будаарай.

이것은 청색으로 칠하세요.

Өчигдрөөр өнөөдрийг төсөөлж болохгүй.

어제를 보고 오늘을 예측할 수는 없다.

Тэд хөзрөөр тоглож байна.

그들은 카드를 가지고 놀고 있다.

Энэ мөнгөөр юм аваарай.

이 돈으로 물건을 사세요.

Эхийг уншаарай

Би танд шуудангаар нэг захиа явууллаа. Тэр захиаг багшаар гуйж бичүүлсэн юм. Учир нь би Монголоор сайн бичиж чаддаггүй. Энэ өвлийнхөө амралтаар Монголд очих тухайгаа бичсэн байгаа. Монголд өвөл хаагуур аялах боломжтой вэ? Миний хүсэл бол уулаар явж, цасаар тогломоор байна. Бас мориор хурдан давхиж үзэхийг их хүсэж байна. Чи миний аялалын талаар өөрийн бодлоо бичээрэй.

Дасгал ажил

Дасгал 1.

빈칸에 구격 어미를 알맞게 써 봅시다.

1. Би машин ______ хөдөө явна.
2. Маргааш ах ______ ном авахуулна.
3. Одоо захирал ______ үг хэлүүлье.
4. Энэ ая ______ дуулах хэрэгтэй байна.
5. Чи Англи ______ ярьдаг уу?
6. Нүүрээ ус ______ сайн угаа.

Дасгал 2.

아래의 단어들을 구격으로 바꿔 쓰고, 빈칸에 채워 문장에 적용시켜 적어 봅시다.

далай+аар=далайгаас Бид далайгаар зугаалсан гэх мэт

1. даавуу ______ : Энэ ______ хувцас оё.
2. Аав ______ : Аав ______ ном уншуул.
3. сум ______ : Энэ сум ______ түр дайраад явъя
4. Сараа ______ : Сараа ______ дайлуулъя.
5. чарга ______ : Өвөл чарга ______ гулгадаг.
6. Утас ______ : Би утас ______ ярих ёстой.

Дасгал 3.

아래의 빈칸에 알맞은 구격 조사를 쓰고 소리 내어 읽어 봅시다.

1. Би одоо тэмээ ＿＿＿ хөдөө явна.
2. Манай эгч ＿＿＿ англи хэл заалга.
3. Энэ гүүр ＿＿＿ болгоомжтой гараарай.
4. Үүнийг нэг нэг ＿＿＿ нь зөөгөөрөй.
5. Сүрэн ＿＿＿ би ном авахуулахаар болсон.
6. Хүүхдүүд цас ＿＿＿ тоглож байна.

Дасгал 4.

빈칸에 알맞은 구격 조사를 넣어 질문과 그에 대한 대답을 완성해 봅시다.

1. Тэр чамаас хэд ＿＿＿

   Тэр надаас нэг ＿＿＿ дүү. дүү вэ?

2. Чи хэн ＿＿＿ хичээлээ

   Би ээж ＿＿＿ хичээлээ заалгадаг. заалгадаг вэ?

3. Тэр хэдий ＿＿＿ ирэх вэ?

   Тэр энэ сарын сүүл ＿＿＿ ирнэ.

4. Тэр ＿＿＿ явуулж болох

   Болно, тэр ＿＿＿ явуулчих.уу?

5. Газар үндэс ＿＿＿ баян уу?

   Тийм, газар үндэс ＿＿＿ баян.

6. Чи гүүр ______ гарах уу?

Үгүй, би гүүр ______ гарахгүй.

Дасгал 5.

아래의 빈칸에 알맞은 구격 조사를 쓰고 소리 내어 읽어 봅시다.

1. Бид Монгол руу онгоц ______ ниснэ.

2. Би Монгол орон ______ аялана.

3. Тэд Япон ______ бага зэрэг ярьдаг.

4. Үүнийг мод ______ хийвэл сайн.

5. Би морь ______ зугаалах дуртай.

6. Энэ дэлгүүр доллар ______ худалдаа хийдэг.

Дасгал 6.

아래의 빈칸에 알맞은 구격 조사를 쓰고 소리 내어 읽어 봅시다.

А: Чи Монгол ______ ярьдаг уу?

Б: Үгүй, би Монгол ______ ярьдаггүй. Харин Япон ______ сайн ярьдаг.

А: Чи юугаар ирсэн бэ?

Б: Би морь ______ ирсэн.

А: Одоо чи юугаар буцах вэ?

Б: Би одоо яаруу ажилтай тул онгоц ______ буцна.

Дасгал 7.

다음 문장에서 구격을 활용한 단어를 찾아 봅시다.

1. Төгсөөгөөр хэдэн ном явууллаа.
2. Энэ дэлгүүр монгол төгрөгөөр л худалдаа хийдэг.
3. Худалдааны төвөөр ороод ирээрэй.
4. Шөлөөр цадаж, төлөөр баяждаг гэж нэг үг бий.
5. Монгол мөнгөөр худалдаа хийж болно.
6. Тэр ширээг хөхөөр будаарай.

Дасгал 8.

구격 조사를 올바르게 사용한 단어를 찾아, 빈칸에 채워 문장에 적용시켜 적어 봅시다.

1. мөнгөөр/мөнгоор

   Энэ номыг солонгос ______ авч болно.

2. хөзөрээр/хөзрөөр

   Тэд ______ тоглож байна.

3. өвдөгөөр/өвдөгүүр

   Түүний ______ өвдөөд байгаа.

4. хөгшинөөр/хөгшинийг

   Тэр ______ үлгэр яриул.

5. дөч дөчөөр/дөч дөчээс

   ______ хувиарлах хэрэгтэй.

6. хөхээр/хөхөөр

Энэ сандалыг ______ будсан байна.

Дасгал 9.

아래의 어휘를 구격으로 만들어 봅시다.

ном-номоор

дэвтэр-

гэр-

ажил-

цэцэг-

зурагт-

хангай-

ор-

намар-

хавар-

хуучин-

Бат-

аав-

ах-

анги-

үзэг-

зураг-

нохой-

гар-

ширээ-

говь-

машин-

зун-

өвөл-

шинэ-

аяга-

Жон-

ээж-

эгч-

сургууль-

АРАВДУГААР ХИЧЭЭЛ

Өнөөдрийн ажил.

Мишээл	Бид нар өнөөдөр сургууль дээр зөндөө ажилтай байсан тул гадуур явж их ядарлаа.
Анар	Та нар гадуур юутай явсан бэ?
Мишээл	Бид нар машинтай явсан.
Анар	Та нар сургууль дээрээ юу хийсэн юм бэ?
Мишээл	Бид нар амттай монгол хоол хийж хаврын баяраа тэмдэглэсэн.
Анар	Та нар ямар хоол хийж хэнтэй хамт идсэн юм бэ?
Мишээл	Бид нар бууз, хуушуур хийсэн бас багштайгаа тараг бүрж идсэн. Дараа нь би хүнтэй уулзах ажилтай байсан тул хурдан сургуулиас явсан.
Анар	Чи хэнтэй уулзах хэрэгтэй байсан бэ?
Мишээл	Дүүгийн багштай, миний найзтай уулзах хэрэгтэй байсан.
Анар	Чи тэгээд тэр хүмүүстэй бүгдтэй нь уулзсан уу?
Мишээл	Тэр хүмүүстэй бүгдтэй нь уулзсан.
Анар	Тэгвэл ядрах чинь аргагүй шүү дээ. Их явсан байна.

Шинэ үг

гадуур	밖에	ядрах	피곤하다
мөнгө	돈	ногоо	야채
сонин	신문	царай	얼굴
урт	길다	богино	짧다
үерхэх	사귀다	цагаан идээ	유제품
үлгэр	동화, 옛날 이야기	танилцах	만나다, 인사하다
бор (өнгө)	갈색(색깔)	найрамдал	우호관계
харьцаа	관계, 비율	адил	같다, 동일
тараг	몽골의 유제품 (요구르트)	бүрэх	발효
харин	그러나	нэлээд	좀
амт	맛	зан	성격

Дүрэм

몽골어의 공동격은 협력과 협동, 비교와 비유, 사람과 사물간의 상관관계, 소유 등을 나타낸다. 몽골어의 공동격에는 "-төй" 형태는 없으며, "-төй" 대신에 э, ү, и 등 모음이 들어간 단어에는 "-тэй"를 연결하여 쓴다. 몽골어의 공동격 조사는 다음과 같은 형태를 갖는다.

-тай	-тэй	-той

공동격 "-тай, -тэй, -той" 조사를 바르게 사용하기

공동격 "-тай, -тэй, -той" 조사를 몽골어의 모음조화법칙에 따라 바로 연결하여 쓴다.

1. 공동격 "-тай" 조사를 바르게 사용하기

Жишээ нь:

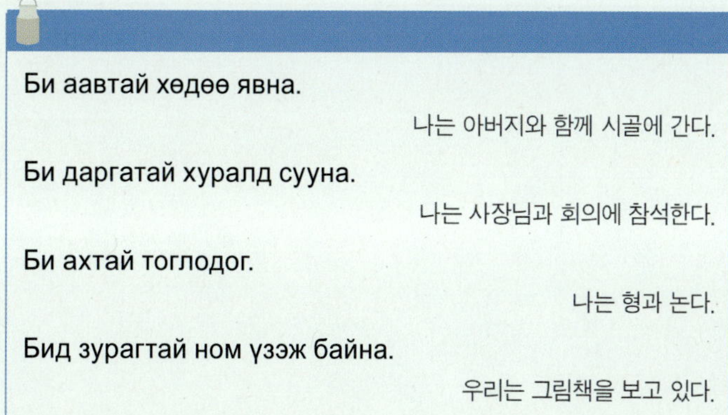

Би аавтай хөдөө явна.

나는 아버지와 함께 시골에 간다.

Би даргатай хуралд сууна.

나는 사장님과 회의에 참석한다.

Би ахтай тоглодог.

나는 형과 논다.

Бид зурагтай ном үзэж байна.

우리는 그림책을 보고 있다.

Бид өнөөдөр их ажилтай байна.

우리는 오늘 일이 많다.

Бид машинтай хөдөө явна.

우리는 차를 타고 시골에 간다.

2. 공동격 "-тэй" 조사를 바르게 사용하기

Жишээ нь:

Би ээжтэй дэлгүүр явлаа.

나는 어머니와 함께 가게를 간다.

Би эгчтэй гадуур явна.

나는 누나/언니와 밖에 나간다.

Би дүүтэй хоолоо идэж байна.

나는 동생과 밥을 먹는다.

Бид одоо хичээлтэй байна.

우리는 지금 수업이 있다.

Бид нартай хамт гадаад явна гэсэн.

우리와 함께 외국에 간다고 했다.

Бид их мөнгөтэй ажил хийж байна.

우리는 돈을 많이 벌 수 있는 일을 하고 있다.

3. 공동격 “-той” 조사를 바르게 사용하기

Жишээ нь:

Би олон номтой.

나는 책이 많다.

Би ногоотой хоолонд дуртай.

나는 야채(야채가 들어간 음식)를 좋아한다.

Би Болдтой дотно найз.

나와 벌드는 친한 친구이다.

Бид их сонирхолтой ном уншиж байна.

우리는 아주 재미있는 책을 읽고 있다.

Бид өнөөдөр их сонинтой.

우리는 오늘 아주 소식(정보)이 많다.

Бид өчигдөр их зочидтой байсан.

어제는 우리가 손님이 많았다.

Эхийг уншаарай

Би аавтай их адилхан. Харин ээжтэй тийм их адилхан биш. Дүү харин ээжтэй нэлээд адилхан. Өнөөдөр би ахтай гадуур явна. Ахын бизнесийн ажилтай танилцаж, амттай хоол идэх бодолтой байна. Мөн ахын найз охинтой уулзахыг хүсэж байна. Түүнтэй уулзвал их зүйл мэдэж авч болох байх. Тэр их сайхан зантай гэсэн. Болж өгвөл түүний дүүтэй танилцах юмсан.

Дасгал ажил

Дасгал 1.

빈칸에 공동격 조사를 알맞게 써 봅시다.

1. Аав маргааш машин ______ ирнэ.
2. Ах ______ бид хөдөө явахаар боллоо.
3. Би Сараа ______ цуг англи хэл сурч байна.
4. Одоо захирал ______ уулзах хэрэг байна.
5. Би олон Солонгос найз ______ болсон.
6. Та би ______ цуг яваарай.

Дасгал 2.

아래의 단어들을 공동격으로 바꿔 쓰고, 빈칸을 채워 문장에 적용시켜 적어 봅시다.

самбар+*тай*=*самбартай*	*Манай анги цагаан самбартай* гэх мэт
1. найз ______ :	Би олон ______.
2. царай ______ :	Миний найз цагаан ______.
3. урт ______ :	Ойн мод ______, богинотой.
4. Батаа ______ :	Би ______ гадаа тоглолоо.
5. нас ______ :	Миний өвөө өндөр ______.
6. Утас ______ :	Миний ах их үнэтэй ______.

Дасгал 3.

아래의 빈칸에 알맞은 공동격 조사를 쓰고 소리 내어 읽어 봅시다.

1. Тэр миний хүү ______ дотно найз.
2. Энэ залуу манай эгч ______ үерхэдэг.
3. Би тэр ______ цуг хоол идсэн.
4. Өвөө хөдөөнөөс цагаан идээ ______ ирлээ.
5. Энэ дэлгүүрт үлгэр ______ ном байна уу?
6. Би одоо олон хүүхдүүд ______ найз болсон.

Дасгал 4.

빈칸에 알맞은 공동격 조사를 넣어 질문과 그에 대한 대답을 완성해 봅시다.

1. Чи хэн ______ найз вэ?

   Би Энхээ ______ найз.

2. Танай дүү хэд ______ вэ?

   Манай дүү арван дөрөв ______.

3. Хөдөө чи хэн, хэн ______ явах вэ?

   Би хөдөө Бат, Энх, Сүх, Баяр дөрөв ______ явна.

4. Тэд ______ юу хийх вэ?

   Тэд ______ юу ч битгий хийгээрэй.

5. Чи хэн ______ аялах вэ?

   Би ээж, эгч ______ хамт аялна.

6. Тэр ______ танилцаж болох уу?

   Болно, болно. Тэр ______ одоо танилц.

Дасгал 5.

아래의 빈칸에 알맞은 공동격 조사을 쓰고 소리 내어 읽어 봅시다.

1. Манай улс Солонгос ______ сайн харилцаатай.
2. Та нар манай орон ______ сайн танилцах хэрэгтэй.
3. Энэ бор ______ цамцыг өмсөж бай.
4. Тэд Япон ______ сайн харьцаатай биш.
5. Энэ мод ______ уулаар зугаална.
6. Тэр морь ______ хүнтэй уулзах хэрэг байна.
7. Чи ногоо ______ хоол сайн идэж байгаарай.

Дасгал 6.

빈칸에 알맞은 공동격 조사를 채워 넣어 대화를 완성해 봅시다.

А: Танай улс Монгол ______ ямар харьцаатай вэ?

Б: Манайх Монгол ______ сайн харьцаатай.

А: Тэгвэл Орос ______ холбоо ______ ажилладаг уу?

Б: Үгүй, Орос ______ холбоо ______ ажилладаггүй.

А: Солонгос ______ найрамдалт харьцаа тогтоох бодол ______ байна уу?

Б: Солонгос ______ найрамдалт харьцаа тогтоох бодол ______ байна.

Дасгал 7.

아래의 어휘를 공동격으로 만들어 봅시다.

ном-номтой	үзэг-
дэвтэр-	зураг-
гэр-	нохой-
ажил-	гар-
цэцэг-	ширээ-
зурагт-	говь-
хангай-	машин-
ор-	зун-
намар-	өвөл-
хавар-	шинэ-
хуучин-	аяга-
Бат-	Жон-
аав-	ээж-
ах-	эгч-
анги-	сургууль-

АРВАН НЭГДҮГЭЭР ХИЧЭЭЛ

Их дэлгүүр лүү яаж явах вэ?

Баяраа	Баатар аа, чи хаашаа явж байна?
Баатар	Би сургууль руу явж байна. Чи харин хаашаа явж байна?
Баяраа	Би гутал авах хэрэгтэй байна. Тиймд дэлгүүр лүү явж байна.
Баатар	Чи тэгээд ямар дэлгүүр лүү явж байна вэ?
Баяраа	Аятайхан гуталтай дэлгүүр бол ямар нь ч яахав дээ.
Баатар	Чи тэгвэл их дэлгүүр лүү оч.
Баяраа	Тэнд сайхан гутал байна уу?
Баатар	Их дэлгүүрт шинэ гутал ирсэн байна лээ.
Баяраа	Тэгвэл тийш ээ явъя. Гэхдээ их дэлгүүр лүү яаж явах вэ?
Баатар	Эндээс 2 номерийн автобусанд суугаад очиж болно.
Баяраа	За их баярлалаа.
Баатар	Зүгээр ээ. Баяртай.

Шинэ үг

аятайхан	좋은, 적당한	номер	번호
автобус	버스	салгах	분리하다, 떨어뜨리다
сар	월, 달	нар	태양, 해
нисэх	날다	тэнгэр	하늘
цай	차(마시는 차)	данх	주전자
илгээх	보내다	төлөвлөгөө	계획
судлаач	학자, 연구원	нөмрөг	망토
хүзүү	목	өвдөх	아프다
чулуу	돌	шидэх	던지다
зээр	영양	буудах	쏘다
тосох	마중하다	бодол	생각
говь	고비(사막)		

Дүрэм

몽골어의 방향격은 일정한 방향으로 이동하거나 움직이는 것을 의미할 때 쓰인다. 몽골어의 방향격조사는 다음과 같은 형태를 갖는다.

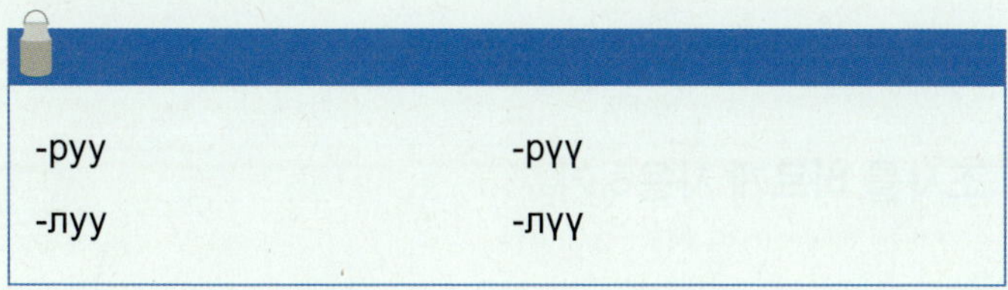

-руу	-рүү
-луу	-лүү

방향격 "-руу, -рүү, -луу, -лүү" 조사를 바르게 사용하기

방향격 "-руу, -рүү -луу, -лүү" 조사를 몽골어의 모음조화법칙에 따라 바로 연결하여 쓴다. 단, "-р" 자음으로 끝나는 단어 뒤에는 "-луу, лүү" 조사를 연결한다. 그러나 격조사는 앞에 오는 단어로부터 띄어 쓴다.

1. 방향격 "-руу" 조사를 바르게 사용하기

Жишээ нь:

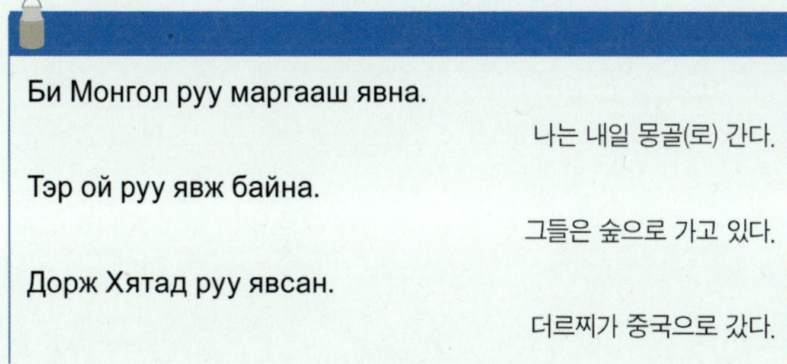

Би Монгол руу маргааш явна.

나는 내일 몽골(로) 간다.

Тэр ой руу явж байна.

그들은 숲으로 가고 있다.

Дорж Хятад руу явсан.

더르찌가 중국으로 갔다.

Дулмаа Солонгос руу яваад ирсэн.

돌마는 한국을 다녀왔다.

Тэр ордон руу орсон.

그는 궁전으로 들어갔다.

Би ус руу яваад ирье.

나는 물가로 갔다 올게.

2. 방향격 "-рүү" 조사를 바르게 사용하기

Жишээ нь:

Би ээж рүү явж байна.

나는 어머니에게 가는 중이다.

Тэр эгч рүү очиж байна.

그는 누나/언니에게 가는 중이다.

Бид гэр рүү явж байна.

우리는 집으로 가고 있다.

Тэд өрөө рүү орсон.

그들은 방으로 들어갔다.

Дүү үүд рүү яваад байна.

동생은 문쪽으로 자꾸 간다.

Би түүн рүү очоод ирье.

나는 그에게 다녀 오겠다.

3. 방향격 "-луу" 조사를 바르게 사용하기

Жишээ нь:

Багш самбар луу явж байна.

선생님은 칠판으로 가고 있다.

Би сар луу нисэхийг хүсэж байна.

우리는 달로 가고 싶다.

Дүү ор луу явсан.

동생은 침대로 갔다.

Чи миний гар луу битгий хүрээрэй.

너는 내 손을 건드리지 마라.

Тэр нуур луу явсан.

그는 호수로 갔다.

Би та нар луу захиа явууллаа.

나는 너희에게 편지를 보냈다.

4. 방향격 "-лүү" 조사를 바르게 사용하기

Жишээ нь:

Чи нүүр лүү сайн хараарай.

내 얼굴을 잘 봐라.

Тэд гүүр лүү явж байна.

그들은 다리 쪽으로 가고 있다.

Би гэр лүү явж байна.

나는 집으로 가고 있다.

Тэр дэлгүүр лүү явсан.

그는 가게를 갔다.

Чи тэнгэр лүү хараарай.

너는 하늘을 봐라.

Тэр хүн лүү хараад хэрэггүй шүү.

그 사람을 볼 필요가 없다.

Эхийг уншаарай

Би маргааш Монгол руу явна. Миний найз тосож авах байх. Би түүн рүү намайг тосож аваарай гэж захиа явуулсан. Тэр миний захиаг аваагүй байж магадгүй. Тиймд маргааш нисэхийнхээ өмнө утас руу нь залгах бодолтой байна. Би Монголд очоод говь руу аялахыг хүсэж байна. Дараа нь Хөвсгөл рүү явах төлөвлөгөө бас бий. Миний найз намайг Монгол улсын Засгийн газрын ордон руу оруулж үзүүлнэ гэсэн.

Дасгал ажил

Дасгал 1.

빈칸에 알맞은 방향격 조사를 채워 넣어 대화를 완성해 봅시다.

А: Энэ цайг юу ______ хийх вэ?

Б: Наад цайгаа данх ______ хийчих.

А: Энэ хоёр данхны ямар ______ нь хийх вэ?

Б: Улаан ______ хийгээрэй.

А: Энэ жил чи аль улс ______ аялах вэ?

Б: Энэ жил би Солонгос ______ аялана.

Дасгал 2.

아래의 단어들을 방향격으로 바꿔 쓰고, 빈칸에 채워 문장에 적용시켜 적어 봅시다.

Жишээ нь:

гудамж+*руу*=*гудамж* руу *Тэр гудамж руу явж байна* гэх мэт

1. гуанз ______ : Тэд ______ орлоо.
2. гол ______ : Бид ______ маргааш явна.
3. Тан ______ : Тан ______ хүн залгав уу?
4. Батаа ______ : Би Батаа ______ очих хэрэг байна.
5. Чам ______ : Чам ______ би захиа явуулсан.
6. Утас ______ : Миний утас ______ залгаарай.

Дасгал 3.

빈칸에 알맞은 방향격 조사를 채워 넣어 대화를 완성해 봅시다.

А: Би хэд ______ залгах вэ?

Б: Би 1991 ______ залгаарай.

А: Чи хэчнээн ______ залгаж хэлэв?

Б: Би ихэнх ______ нь залгаад хэлчихлээ.

А: Чи манай ээж ______ залгасан уу?

Б: Би танай ээж ______ залгаж амжаагүй байна.

Дасгал 4.

아래의 빈칸에 알맞은 방향격 조사를 쓰고 소리 내어 읽어 봅시다.

1. Би тэр хүү ______ очих бодолтой байна.
2. Тэр эмч ______ нэг залгаарай.
3. Энэ үүд ______ битгий очоорой.
4. Аав өвөө ______ бэлэг явуулсан.
5. Ээж эмээ ______ захиа илгээсэн.
6. Би түүн ______ зураг явуулсан.

Дасгал 5.

방향격 조사를 올바르게 사용한 것을 골라 문장을 완성해 봅시다.

1. Миний найз самбар луу/самбар лүү очив.
2. Маргааш отор лүү/отор луу явах хэрэг байна.
3. Би Болгар луу/Болгар лүү маргааш нисна.
4. Би та нар лүү/та нар луу маргааш очъё.
5. Чи миний гар луу/гар лүү залгаарай.
6. Судлаачид сар лүү/сар луу нисэх бэлтгэл хийж байна.

Дасгал 6.

빈칸에 알맞은 방향격 조사를 넣어 문장을 완성해 봅시다.

1. Нар ______ харах нүдэнд муу.
2. Та нар ______ гэр бүлийнхэн чинь очно гэнэ.
3. Бид театр ______ орой явна.
4. Миний найзын гар ______ битгий хүрээрэй.
5. Цагаан самбар ______ очих хэрэггүй шүү.
6. Дүүг савлуур ______ битгий очуулаарай.

Дасгал 7.

방향격 조사를 올바르게 활용한 것을 골라 문장을 완성해 봅시다.

1. Бид гэр лүү/гэр луу очих хэрэгтэй байна.
2. Ээж дэлгүүр лүү/дэлгүүр луу явсан.
3. Чи өндөр луу/өндөр лүү нь очоорой.
4. Түүний нүүр лүү/нүүр луу сайн хараарай.
5. Эгчийн нөмрөг луу/нөмрөг лүү цай асгачихлаа.
6. Тэд гүүр лүү/гүүр луу очихоор гүйж байна.

Дасгал 8.

아래의 빈칸에 알맞은 방향격 조사를 쓰고 소리 내어 읽어 봅시다.

1. Түүний нэр ______ их шохоорхон харсан.
2. Эгчийн нөхөр ______ би сайн харж чадаагүй.
3. Тэнгэр ______ харахаар хүзүү өвддөг.
4. Модны мөчир ______ чулуу битгий шидээрэй.
5. Зээр ______ битгий буудаарай.
6. Дэлгүүр ______ яаж явах замыг зааж өгөөч.

Дасгал 9.

아래의 어휘를 방향격으로 만들어 봅시다.

ном-ном руу

дэвтэр-

гэр-

ажил-

цэцэг-

зурагт-

хангай-

ор-

намар-

хавар-

хуучин-

Бат-

аав-

ах-

анги-

үзэг-

зураг-

нохой-

гар-

ширээ-

говь-

машин-

зун-

өвөл-

шинэ-

аяга-

Жон-

ээж-

эгч-

сургууль-

АРВАН ХОЁРДУГААР ХИЧЭЭЛ

Утсаар ярья.

Энхлэн Хоёулаа одоо кино үзэх үү?

Энэрэл Тэгье. Одоо хоёулаа кино үзье.

Энхлэн Замаараа дэлгүүр орьё.

Энэрэл Дэлгүүр орж яах юм бэ?

Энхлэн Чихэр, ундаа авъя.

Энэрэл За тэгье.

Энхлэн Харин кино үзэхээсээ өмнө утсаар ярья.

Энэрэл Хэнтэй утсаар ярих нь вэ?

Энхлэн Аавтай утсаар ярья.

Энэрэл Чи аавтайгаа ямар хэргээр утсаар ярих нь вэ?

Энхлэн Би кино үзэх тухайгаа аавдаа хэлье.

Энэрэл Аа за. Хурдан яриарай. Кино гарах цаг болж байна шүү.

Шинэ үг

ундаа	음료, 음료수	шийдэх	결정하다
хүсэх	원하다, 부탁하다, 신청하다	хэлбэр	형태
зөөлөн	부드러운, 연한	хатуу	딱딱한, 굳은
тэмдэг	부호	асуух	묻다, 질문하다
хаах	닫다	хайх	찾다
оруулах	들어가다	дуудах	부르다
сэрэх	깨다	тээх	운반하다
дэвшүүлэх	승진시키다, 올리다	хүлээх	기다리다
хүсэх	원하다	хөгжүүлэх	발전시키다, 개발하다
хонох	숙박하다, 지내다	сонсох	듣다
ороох	(담요 등을) 말다	бодох	생각하다
солих	바꾸다	сойх	(끼니를) 거르다
урилга	초대	илгээх	보내다, 부치다
наадам	축제	барилдах	씨름하다
дийлэх	이기다	хээлэх	무늬를 새기다
бөмбөг	공	хийлэх	바람 넣다
цоолох	구멍내다	жаахан	조금
үнсэх	뽀뽀하다, 입 맞추다	цамц	윗도리
морь	말	өргөх	들다
тойлох	달래다	өнгө	색, 색상
шунах	욕심내다	төөлөх	재다

мөнгө	돈/은	гөлөг	강아지
өнжих	하루를 지내다, 보내다	ажиллах	일하다
хариулах	대답하다	саах	젖 짜다
хуйлах	말다	сэхэх	부활하다
будах	색칠하다	их сургууль	대학교
шалгалт	시험	бэлдэх	준비하다
материал	자료	туслах	돕다
унтах	자다, 잠들다	босох	일어나다
эрт	일찍	нисэх	날다

Дүрэм

동사종결어미는 자신의 의도를 나타내거나 결정하거나 제안할 때 쓰인다. 1인칭 동사종결어미의 형태는 다음과 같다.

-я	-е	-ё

몽골어의 1 인칭 동사 종결어미 바르게 사용하기

1. 모음과 연음부호로 끝난 단어에 바로 연결하여 쓴다.
2. 자음으로 끝난 남성모음어는 -ъ (경음부호)를 첨가하여 연결한다.
3. 자음으로 끝난 여성모음어는 -ь (연음부호)를 첨가하여 연결한다.

1. 결정을 알리고 통보하는 의미의 "-я" 어미를 바르게 사용하기

Жишээ нь:

авах-авъя	Би түүнийг авъя. 나는 그걸로 할게(살게).
хаах-хааяя	Гадаа хүйтэн байна. Цонхоо хааяя. 밖이 춥다. 창문을 닫자.
асуух-асууя	Үүнийг багшаас асууя. 이것을 선생님께 물어보자.

хайх-хайя	Миний үзэг алга байна.
	내 볼펜이 없다.
	Түүнийг хурдан хайя.
	그걸 빨리 찾자.
уулзах-уулзъя	Найзтайгаа очиж уулзъя.
	친구를 만나러 가자.
явах-явъя	Би одоо хот руу явъя.
	나는 지금 도시로 갈게.
оруулах-оруулъя	Багшийг ангийн хуралд оруулъя.
	선생님을 반 회의에 참석하시도록 하자.
дуудах-дуудъя	Эмч хурдан дуудъя.
	의사를 빨리 부르자.

2. 의도를 알리는 의미의 "-е" 어미를 바르게 사용하기

Жишээ нь:

сэрэх-сэрье	Маргааш өглөө эрт сэрье.
	내일 아침 일찍 일어날게.
тээх-тээе	Энэ ачааг хурдан тээе.
	이 짐을 빨리 옮기자.
дэвшүүлэх-дэвшүүлье	Батыг хурдан дэвшүүлье.
	바트를 빨리 진급시키겠다.
ирэх-ирье	Маргааш хурдан ирье.
	내일 빨리 오겠다.
хийх-хийе	Энэ ажлыг хурдан хийе.
	이 일을 빨리 하겠다.

хүлээх-хүлээе	Найзыгаа хүлээе. 친구를 기다리겠다.
хүсэх-хүсье	Хариу бичихийг хүсье. 답장을 기다리겠다.
хөгжүүлэх-хөгжүүлье	Улс орноо хурдан хөгжүүлье. 나라를 발전시킵시다.

3. 의도를 알리는 의미의 "-ё" 어미를 바르게 사용하기

Жишээ нь:

олох-олъё	Түүнийг хурдан олъё. 그를 빨리 찾읍시다.
хонох-хоноё	Энэ шөнө танайд хоноё. 오늘 밤에 당신 집에 묵겠습니다.
сонсох-сонсъё	Багшийн үгийг сонсъё 선생님 말씀을 들읍시다.
ороох-орооё	Энэ ачааг сайн орооё. 이 짐을 잘 싸자(챙기자).
бодох-бодъё	Энэ асуудлыг сайн бодъё. 이 문제를 잘 생각해 봅시다.
солих-солъё	Энэ номыг солъё. 이 책을 교환합시다.
сойх-сойё	Өнөөдөр хоолоо сойё. 오늘 식사를 거릅시다.

Эхийг уншаарай

Маргааш хоёулаа Улаанбаатар хот руу явъя. Тэнд очиж миний найзтай уулзъя. Тэр надад шинэ цүнх, олон ном авч өгье гэсэн юм. Тэднийд хэд хоног амарч хоноё. Дараа нь их сургуульд шалгалт өгье. Амарч байх хугацаандаа шалгалтандаа сайн бэлдье. Миний найз шалгалтын шинэ материал авчирч туслъя гэсэн. За одоо эрт унтъя. Өглөө эрт босъё. Маргаашийн 11 цагийн онгоцоор нисье.

Дасгал ажил

Дасгал 1.

아래의 빈칸에 주어진 어휘와 1인칭 동사종결어미를 활용해 대화를 완성해 봅시다.

А: Чи хаашаа явах гэж байна?

Б: Би Улаанбаатар хот руу ______ /явах/.

А: Би чамаас нэг зүйл ______ /асуух/.

Б: Тэгээ тэг. Би таны асуултанд ______ /хариулах/.

А: Чи одоо завтай байна уу? Хоёулаа хамт нэг шил юм уух уу?

Б: Би одоо завтай байна. ______ /уух/.

Дасгал 2.

아래의 단어들을 1인칭 동사종결어미를 활용해 쓰고, 빈칸에 채워 문장에 적용시켜 적어 봅시다.

Жишээ нь:

хаах+я=хаая : Энэ хаалгыг хаая гэх мэт

1. асуух ______ : Түүнээс сайн ______.
2. хариулах ______ : Би энэ талаар ______.
3. суух ______ : Энд жаахан ______.
4. хуулах ______ : Үүнийг хурдан ______.
5. явах ______ : Эндээс хурдан ______.
6. утасдах ______ : Сараа руу хурдан ______.

Дасгал 3.

빈칸에 주어진 어휘와 1인칭 동사종결어미를 활용해 문장을 올바르게 완성해 봅시다.

А: Маргааш хамт олны хурал ______ /хийх/

Б: ______ /Тэгэх/. Гэхдээ ямар асуудал хэлэлцэх юм бэ?

А: Шинэ захирал ______ /томилох/.

Б: Тэгтэл Батын нэрийг ______ /дэвлүүлэх/

А: Тэгвэл түүнд одоо урилга ______ /илгээх/

Б: Тэгээд түүний саналыг ______ /хүлээх/

Дасгал 4.

빈칸에 주어진 어휘와 1인칭 동사종결어미를 활용해 올바르게 문장을 완성해 봅시다.

1. Энэ наадмаар түүнтэй барилдаж ______ /дийлэх/
2. Энэ ширээг сайхан ______ /хээлэх/
3. Энэ бөмбөгийг сайн ______ /хийлэх/
4. Маргааш тэр хотод заавал ______ /хүрэх/
5. Энэ олон номыг жаахан ______ /цөөлөх/
6. Аав нь хүүгээ ______ /үнсэх/

Дасгал 5.

1인칭 동사종결어미를 올바르게 활용한 단어를 골라 문장을 완성해 봅시다.

1. Энэ шөнө буудалд хоноё/хоноя.
2. Энэ тухайн би дахин сайн бодоя/бодъё.
3. Аавын үгийг сонсоя/сонсъё.
4. Энэ цамцыг буцааж сольё/солье.
5. Энэ наадамд хэдэн морь сойё/сойя.
6. Түүнийг жаахан өргөж тойлъё/тойлоя.

Дасгал 6.

빈칸에 주어진 어휘와 1인칭 동사종결어미를 활용해 문장을 올바르게 완성해 봅시다.

1. Гадаа гарч ______ /тоглох/
2. Ном унших ухаантай ______ /болох/
3. Номын дэлгүүрээр явж хэрэгтэй номоо ______ /олох/
4. Их ______ /зовох/ гэвэл өнгөнд шуна.
5. Би энэ мөнгийг ______ /тоолох/
6. Энэ гөлгийг дулаан юмаар ______ /ороох/

Дасгал 7.

아래의 어휘를 1인칭 동사종결어미로 활용해 봅시다.

харах-харъя

бодох-

саах-

ажиллах-

хариулах-

явах-

таах-

орох-

оруулах-

сэрэх-

хээлэх-

үнсэх-

солих-

сонсох-

хонох-

үзэх-

зурах-

хаах-

асуух-

хуйлах-

ирэх-

суух-

гарах-

гаргах-

сэхэх-

будах-

өтлөх-

сойх-

дуулах-

өнжих-

АРВАН ГУРАВДУГААР ХИЧЭЭЛ

Цаг агаар сайхан байна.

Эрка Өнөөдөр ямар сайхан өдөр вэ?

Ану Тийм байна. Гадаа цаг агаар сайхан байна.

Эрка Зуны эхэн сар ийм л сайхан байдаг даа.

Ану Чи одоо ямар ажилтай байна?

Эрка Би ном уншиж байна.

Ану Гадаа их сайхан байгаа тул зугаалах уу?

Эрка Тэгье. Номоо дараа нь уншъя.

Ану Хөөх, өнөөдөр гудамжаар ямар олон хүн явж байна аа.

Эрка Цаг агаар сайхан байгаа болохоор ихэнх нь зугаалж байгаа байх.

Ану Тийм байна.

Эрка Сая би Сөүл рүү найзтайгаа утсаар ярьсан. Тэнд бороо их орж байна гэнэ.

Ану Өө тийм үү. Газар, газар өөр байна шүү.

Шинэ үг

бороо	비	гадаа	바깥, 거리
дасгал	운동	хэвтэх	눕다
томоотой	얌전한	загас	물고기, 생선
баяр хөөр	기쁨, 즐거움	хүсэл мөрөөдөл	꿈, 소원
шатар	체스	загнах	야단치다
хүнс	식품	цуглах	모이다
гөрөөлөх	사냥하다	амжуулах	다하다, 정리하다

Дүрэм

말하는 것과 동작이 동시에 일어나는 경우, 현재진행형을 사용한다. 몽골어의 현재 진행 시제는 다음과 같은 형태를 갖는다.

-ж / -ч байна	-байна
-даг⁴	-аа⁴

1. 동사 현재진행형 **"-ж/-ч байна"** 어미를 바르게 사용하기

동사어간이 "-в, -г, -р, -с" 이외의 자음이나 모음으로 끝날 경우 "-ж байна"을 연결한다.

Жишээ нь:

Би ном уншиж байна.
나는 책을 읽는다./나는 책을 읽고 있다.

Аав зурагт үзэж байна.
아버지는 텔레비전을 보신다./아버지는 텔레비전을 보고 계신다.

Ээж хоол хийж байна.
어머니는 요리 하신다./어머니는 요리 하고 계신다.

Дүү тоглож байна.
동생은 논다./동생은 놀고 있다.

Гадаа бороо орж байна.
밖에 비가 온다./밖에 비가 오고 있다.

동사어간이 "-в, -г, -р, -с"의 자음으로 끝날 경우 "-ч байна"을 연결한다.

Жишээ нь:

Бидний хичээл дуусч байна.
우리 수업이 끝나 간다.

Ээж дэлгүүрээс идэж уух юм авч байна.
어머니가 장을 보시고 있다.

Манай ангийн Баатар телевизээр гарч байна.
우리 반 친구 바타르가 텔레비전에 나오고 있다.

Өвөө ач зээ нартаа мөнгө өгч байна.
할아버지가 손자 손녀들에게 돈을 주고 계신다.

Ордонд сэтгүүлч нар зураг авч байна.
정부청사에서 기자들이 사진을 찍고 있다.

2. 어떤 사물과 물건이 늘 존재한다는 의미로 쓰이는 "-байна" 어미를 바르게 사용하기

Жишээ нь:

Уланд мод байна.
산에 나무가 있다.

Ангид ширээ байна.
교실에 책상이 있다.

Гэрт зурагт байна.
집에 텔레비전이 있다.

Хотод машин байна.
도시에 차가 있다.

Хананд зураг байна.
벽에 그림이 있다.

3. 자주 반복되는 현재진행형 "-даг, -дэг, -дог, -дөг" 어미를 바르게 사용하기

Жишээ нь:

Би өглөө бүр дасгал хийдэг.

나는 아침마다 운동 한다.

Би өдөрийн хоол сайн иддэг.

나는 점심은 잘 먹는다.

Би өдөр бүр сургуульдаа явдаг.

나는 매일 학교 간다.

Би түүнд жил бүр бэлэг өгдөг.

나는 그에게 매년 선물을 준다.

Манай ангид өдөр бүр хичээл ордог.

우리 반은 매일 수업이 있다.

4. 정확하게 확인되지 않은 것을 표현하는 현재진행형 "-аа, -ээ, -оо, -өө" 어미를 바르게 사용하기

Жишээ нь:

Ээж ажилдаа яваа.

어머니는 근무 중일 것이다.

Аав хөдөө яваа.

아버지는 시골에 갔을 것이다.

Дүү гадаа тоглоо.

동생은 밖에서 놀고 있을 것이다.

Нохой гадаа хэвтээ.

개는 밖에 누워 있을 것이다.

Найз ууланд яваа.

친구는 등산 중일 것이다.

Эхийг уншаарай

Миний аав хөдөө яваа. Тэр байнга хөдөө явдаг. Ээж гэрийнхээ ажлыг амжуулдаг. Манай гэрт олон сайхан зүйл байна. Манай гэрийнхэн сүүлийн хэдэн жил маш их ажиллаж байна. Би одоо их сургуульд сурдаг. Тиймд би өдөр бүр хичээлээ их хийдэг. Их сургуулийн хичээл хүнд байна. Дүү дунд сургуульд сурдаг. Тийм болохоор тэр хичээлээ бага хийдэг. Дунд сургуулийн хичээл хөнгөн байдаг.

Дасгал ажил

Дасгал 1.

다음 질문에 현재진행형 동사 어미를 사용해 대답해봅시다.

Жишээ нь:

Багш хичээл зааж байна уу? *-Багш хичээл зааж байна*

1. Аав сонин уншиж байна уу?
2. Ээж хоол хийж байна уу?
3. Дүү тоглож байна уу?
4. Өвөө унтаж байна уу?
5. Эмээ сүү ууж байна уу?
6. Найз ирж байна уу?

Дасгал 2.

아래의 단어들을 현재진행형 **"-ж байна"** 으로 바꿔 쓰고, 빈칸에 채워 문장에 적용시켜 써봅시다.

Жишээ нь:

ирэх+ж байна=ирж байна. Дүү дэлгүүрээс ирж байна гэх мэт

1. асуух ____ : Би хичээлээ багшаас ____.
2. хариулах ____ : Багш миний асуусанд ____.
3. суух ____ : Би томоотой ____.
4. хуулах ____ : Би самбараас ____.
5. явах ____ : Би сургууль руугаа ____.
6. утасдах ____ : Миний найз над руу ____.

Дасгал 3.

빈칸에 알맞은 단어를 넣어 대화를 완성해 봅시다.

А: Гадаа юу байна вэ?

Б: Гадаа олон машин ________.

А: Багшид юу байна вэ?

Б: Багшид дэвтэр, ном, үзэг ________.

А: Ууланд юу байна вэ?

Б: Ууланд олон мод ________.

Дасгал 4.

빈칸에 알맞은 단어를 넣어 문장을 완성해 봅시다.

1. Тэнгэрт үүл ________.
2. Хүмүүст сайхан сэтгэл ________.
3. Миний найзад туслах хүсэл ________.
4. Голд олон загас ________.
5. Сэтгэлд баяр хөөр ________.
6. Надад хүсэл мөрөөдөл ________.

Дасгал 5.

다음 질문을 읽고 그에 어울리는 시제를 사용해 대답을 완성해 봅시다.

Жишээ нь:

Чи сургуульд сурдаг уу? *Би сургуульд сурдаг.*

1. Танай аав ажил хийдэг үү? ______
2. Чиний найз дуу дуулдаг уу? ______
3. Чиний дүү их тоглодог уу? ______
4. Танай багш ном их уншдаг ______ уу?
5. Танай өвөө шатар тоглодог ______ уу?
6. Танай ээж та нарыг загнадаг ______ уу?

Дасгал 6.

다음 빈칸에 자주 반복되는 현재진행형 동사 어미를 활용해 동사를 써 봅시다.

1. Энэ хүүхдүүд гадаа ______ /тоглох/
2. Миний найз ном их ______ /унших/
3. Дэлгүүрт өглөө бүр шинэ хүнс ______ /худалдах/
4. Өглөө бүр би ______ /гүйх/
5. Аавын ажил 9.30-д ______ /цуглах/
6. Миний найз надад ______ /туслах/

Дасгал 7.

현재진행형을 올바르게 활용한 동사를 골라 문장을 완성해 봅시다.

1. Багш хотод яваа/явсан.
2. Дүү хичээлдээ явж байна/яваа.
3. Ах ууланд гөрөөлөө/гөрөөлдөг.
4. Эгч хоолоо хийгээ/хийдэг.
5. Миний аав хөдөө яваа/явна.
6. Өвөө шатар тоглож суугаа/суусан.

Дасгал 8.

아래의 어휘를 **"-ж байна"** 어미를 활용해 현재진행형 동사로 만들어 봅시다.

харах-харж байна
бодох- боддог.
саах-
ажиллах-
хариулах-
явах-
таах-
орох-
оруулах-
сэрэх-
хээлэх-

үзэх-
зурах-
хаах-
асуух-
хуйлах-
ирэх-
суух-
гарах-
гаргах-
сэхэх-
будах-

үнсэх-

солих-

сонсох-

хонох-

өтлөх-

сойх-

дуулах-

өнжих-

АРВАН ДӨРӨВДҮГЭЭР ХИЧЭЭЛ

Би Солонгост суралцахаар ирсэн.

Мөнхөө	Жагаа чи Солонгост хэзээ ирсэн бэ?
Жагаа	Би аль дээр ирсэн.
Мөнхөө	Чи ямар ажлаар ирсэн бэ?
Жагаа	Би Солонгосын Гадаад Хэл Судлалын Их Сургуульд суралцахаар ирсэн.
Мөнхөө	Тийм үү? Чиний хичээл хэзээ эхлэх вэ?
Жагаа	Зуны сургалт өнөөдөрөөр дууслаа.
Мөнхөө	Өө тэгвэл чи Солонгост их эрт ирсэн байна. Чамайг зуны сургалтанд суухыг мэдсэн бол би бас суудаг байж.
Жагаа	За чи ямар ажил хийж байна вэ?
Мөнхөө	Би сая нэг ном орчуулаад дуусав.
Жагаа	Аа тийм үү. Ямар ном бэ?
Мөнхөө	Өнгөрсөн жил орчуулсан номны үргэлжлэл болох ном юм.
Жагаа	За их сайн байна. Баяр хүргэе. Бас амжилт хүсье.

Шинэ үг

олон улс	국제	оролцох	참여하다
орчуулах	번역/통역하다	баяр хүргэх	축하하다
амжилт хүсэх	성공을 빌다	зогсох	서다
өтлөх	나이 들다	жүүс	주스
давхих	달리다	шүгэл	호루라기
үлээх	불다	сонин	이상한
сайд	장관	Сангийн яам	재무부
тал хээр	들판	цэвэр агаар	공기
найрсаг	친절한	зочломтгой	사교성 있는
тэмүүлэл	갈망		

Дүрэм

말하는 시점보다 먼저 이루어졌거나 있었던 사실을 표현할 때 과거시제를 사용한다. 몽골어의 과거 시제는 다음과 같은 형태를 갖는다.

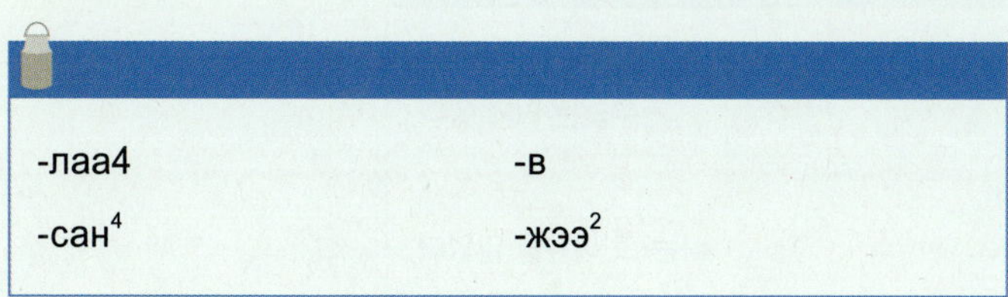

-лаа4	-в
-сан^{4}	-жээ^{2}

1. 방금 알게 된 사실이나 방금 일어난 일을 표현할 때 쓰는 과거시제 **"-лаа, -лээ, -лоо, -лөө"**

Жишээ нь:

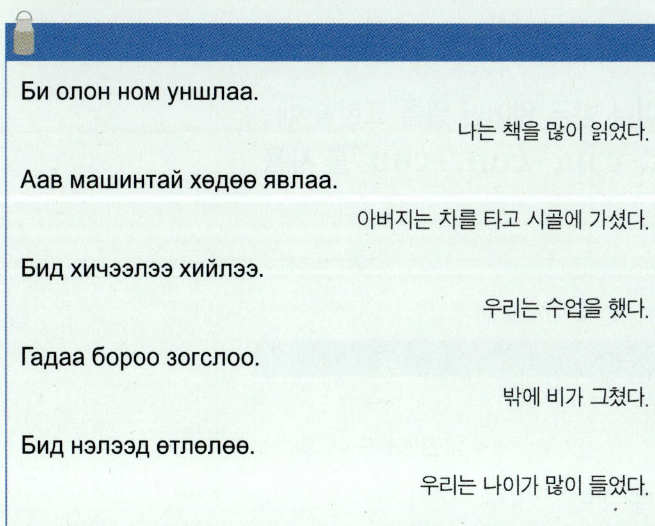

Би олон ном уншлаа.

나는 책을 많이 읽었다.

Аав машинтай хөдөө явлаа.

아버지는 차를 타고 시골에 가셨다.

Бид хичээлээ хийлээ.

우리는 수업을 했다.

Гадаа бороо зогслоо.

밖에 비가 그쳤다.

Бид нэлээд өтлөлөө.

우리는 나이가 많이 들었다.

2. 방금 알게 된 사실이나 방금 일어난 일을 표현할 때 과거시제 **"-лаа4"** 이외에 **"-в"** 를 사용한다. 과거시제 **"-в"**는 **"-лаа4"**와 달리 주로 문어체에서 쓰인다.

Жишээ нь:

Бид өчигдөр ирэв.
우리는 어제 왔다.

Би түүний учрыг олов.
나는 그 이유를 알았다.

Дүү жүүс уув.
동생이 주스를 마셨다.

Эмээ хоол идэв.
할머니께서 식사를 하셨다.

Эгч ажилдаа явав.
누나/언니가 출근했다.

3. 방금 알게 된 사실이나 방금 일어난 일을 표현할 때 과거시제 **"-сан, -сэн, -сон, -сөн"**를 사용하기도 한다.

Жишээ нь:

Миний найз хот явсан.
내 친구는 도시로 갔다.

Миний аав ажлаасаа ирсэн.
아버지가 퇴근하셨다.

Миний дүү саяа боссон.
동생은 방금 일어났다.

Миний өвөө хоолоо идсэн.

할아버지께서 진지를 드셨다.

Машин давхиад өнгөрсөн.

차가 지나갔다.

4. 모르던 사실을 알게 되었을 때 과거시제 "-жээ, -чээ"를 사용한다.

Жишээ нь:

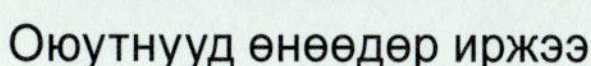

Оюутнууд өнөөдөр иржээ.

학생들은 오늘 왔다.

Манай багш гадаад явжээ.

우리 선생님이 외국으로 갔다.

Миний найз манайд иржээ.

친구가 우리 집에 와 있다.

Ээж дэлгүүрээс шинэ гутал авчээ.

어머니께서 가게에서 새 구두를 사셨다.

Тэд хурлаа хийгээд дуусчээ.

그들은 회의를 끝마쳤다.

Эхийг уншаарай

Бид гадаадаас ирсэн оюутнууд. Монгол оронд 14 хоног аялаад буцаж байна. Монголын говь, хангай, тал хээрээр сайхан аялалаа. Их юм үзэж харлаа. Олон хүнтэй танилцав. Олон найз нөхөдтэй боллоо. Монгол орны цэвэр агаар, амттай хоол унд их таалагдсан. Хөдөөний хүмүүсийн найрсаг зочломтгой зан ааш их сайхан санагдсан. Монгол залуус их зүйл сурч, их зүйл хийж бүтээх тэмүүлэлтэй нь харагдав.

Дасгал ажил

Дасгал 1.

방금 알게 된 사실이나 방금 일어난 사건을 나타내는 시제를 활용해 다음의 질문에 대한 대답을 써 봅시다.

Жишээ нь:

Багш хичээл заасан уу? *-Багш хичээл заалаа.*

1. Цагдаа шүгэл үлээсэн үү?
2. Эмч түүнийг үзсэн үү?
3. Үүгээр морьтой хүн өнгөрсөн үү?
4. Миний найз ирсэн үү?
5. Миний найз хоолоо идсэн үү?
6. Ээж ажлаасаа ирсэн үү?

Дасгал 2.

아래의 단어들을 방금 알게 된 사실이나 방금 일어난 사건을 나타내는 시제를 활용해 바꿔 쓰고, 빈칸에 채워 문장에 적용시켜 적어 봅시다.

Жишээ нь:

ирэх+*лээ=ирлээ* *Дүү дэлгүүрээс ирлээ* гэх мэт

1. асуух : Би хичээлээ багшаас .
2. хариулах : Багш миний асуусанд .
3. суух : Би томоотой .

4. хуулах ______ : Би самбараас ______.

5. явах ______ : Би сургууль руугаа ______.

6. утасдах ______ : Миний найз над руу ______.

Дасгал 3.

방금 일어난 사건을 나타내는 동사 어미 **"-в"**와 주어진 어휘를 활용해 대화를 완성해 봅시다.

А: Чи хаанаас ирэв?

Б: Би хөдөөнөөс ______ /ирэх/

А: Гэрээсээ эрт гарав уу?

Б: Гэрээсээ эрт ______ /гарах/

А: Замдаа Доржтой уулзав уу?

Б: Замдаа Доржтой ______ /уулзах/

Дасгал 4.

방금 일어난 사건을 나타내는 동사 어미 **"-в"**와 주어진 어휘를 활용해 문장을 완성하고 소리 내어 읽어 봅시다.

1. Сөүлээс оюутнууд ______ /ирэх/
2. Сөүлээс ирсэн оюутнууд хөдөө ______ /явах/
3. Сөүлээс ирсэн оюутнууд 7 хоног хөдөө яваад ______ /ирэх/
4. Сөүлээс ирсэн оюутнуудад монголын хөдөө их ______ /таалагдах/

5. Сөүлээс ирсэн оюутнууд нутаг руугаа баяртай ________ /буцах/

6. Сөүлээс ирээд буцсан оюутнуудад би захиа ________ /бичих/

Дасгал 5.

다음의 질문에 과거 시제 **"-сан, -сэн, -сон, -сөн"** 어미를 활용해 답해 봅시다.

Жишээ нь:

Чи хичээлдээ суусан уу? *-Би хичээлдээ суусан.*

1. Ээж ажлаасаа ирсэн үү? ________
2. Аав гадаадаас ирсэн үү? ________
3. Дүү сургуулиасаа ирсэн үү? ________
4. Өвөө орноосоо боссон уу? ________
5. Эмээ ундаа уусан уу? ________
6. Миний найз манайх руу утасдсан уу? ________

Дасгал 6.

과거 시제 어미를 올바르게 활용한 단어를 골라 문장을 완성해 봅시다.

1. Би утсаар ярьсан/ярьдаг.
2. Гадаа ширүүн бороо орно/орсон.
3. Сургуулийн амралт болсон/болдог.

4. Эгчийн хурим болно/болсон.

5. Ах Солонгос яваад ирсэн/ирнэ.

6. Айлууд өчигдөр нүүж байна/нүүсэн.

Дасгал 7.

모르던 사실을 알게 되었을 때 사용하는 과거 시제 어미와 주어진 어휘를 활용해 문장을 완성해 봅시다.

1. Ээжийн найз гадаад ________ /явах/
2. Аавын найз гадаадаас ________ /ирэх/
3. Миний хүү олон ном ________ /унших/
4. Миний охин олон дуу ________ /сурах/
5. Миний өвөө шатрын тэмцээнд ________ /түрүүлэх/
6. Миний эмээ өглөө эрт ________ /босох/

Дасгал 8.

과거 시제 어미와 주어진 어휘를 활용해 대화를 완성해 봅시다.

А: Чи хаанаас ирэв?

Б: Би хотоос ________ /ирэх/

А: Хотоор сонин сайхан юу байна?

Б: Тайван сайхан байна. Сонин гэвэл миний хүү сайд ________ /болох/

А: Өө тийм үү. Юуны сайд болоо вэ?

Б: Миний хүү Сангийн яамны сайд ________ /болов/

Дасгал 9.

아래의 어휘를 과거 시제로 활용해 봅시다.

харах-харлаа	үзэх-
бодох- бодов	зурах-
саах- саасан	хаах-
ажиллах-	асуух-
хариулах-	хуйлах-
явах-	ирэх-
таах-	суух-
орох-	гарах-
оруулах-	гаргах-
сэрэх-	сэхэх-
хээлэх-	будах-
үнсэх-	өтлөх-
солих-	сойх-
сонсох-	дуулах-
хонох-	өнжих-

дэвтэр

АРВАН ТАВДУГААР ХИЧЭЭЛ

Оюутны амралт хэзээ эхлэх вэ?

Ариунаа	Цаг хугацаа ч хурдан өнгөрч байна шүү!
Содоо	Харин тийм ээ. Оюутны амралт удахгүй болно.
Ариунаа	Чи амралтаараа юу хийх вэ?
Содоо	Би амралтаараа Монголын говь руу аялна. Харин чи яаж амрах вэ?
Ариунаа	Би аав ээжийнхээ ажилд туслана.
Содоо	Манай ангийнхан юу хийж амрах бол?
Ариунаа	Номын сан сууж хичээлээ давтана гэж байна лээ.
Содоо	Өө тийм үү. Чи ангийнхнаасаа асуусан юм уу?
Ариунаа	Тийм. Өчигдөр бид амралтаа хэрхэн өнгөрөөх талаар ярьсан.
Содоо	Тэгвэл манай ангийнхан дараа улиралд сайн сурах юм байна.

Шинэ үг

цаг хугацаа	시간, 기간	удах	지연되다
ерөнхийлөгч	대통령	сонгууль	선거
дэлхий	지구	зах зээл	시장
алт	금	зэс	구리
өмсөх	입다	архи	술
зорих	목표로 하다	довтлогч	공격수
загвар	디자인, 유행	хөл бөмбөг	축구

Дүрэм

장차 행할 것을 표시하거나 앞으로 일어날 일을 나타낼 때 미래시제를 사용한다. 몽골어의 미래 시제는 다음과 같은 형태를 갖는다.

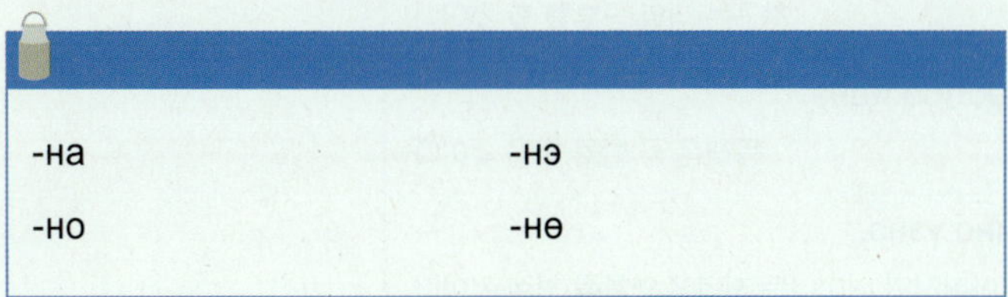

-на	-нэ
-но	-нө

1. 미래시제 "-на" 어미를 바르게 사용하기

Жишээ нь:

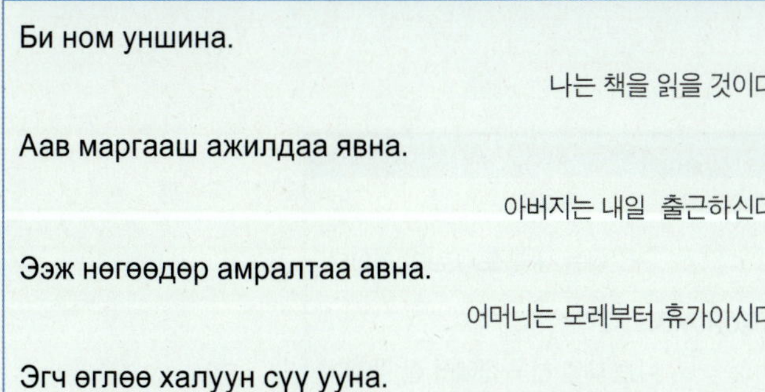

Би ном уншина.

나는 책을 읽을 것이다.

Аав маргааш ажилдаа явна.

아버지는 내일 출근하신다.

Ээж нөгөөдөр амралтаа авна.

어머니는 모레부터 휴가이시다.

Эгч өглөө халуун сүү ууна.

누나/언니는 아침에 따뜻한 우유를 마실 것이다.

Эмээ дэлгүүрээс хүнсээ авна.

할머니가 가게에서 식품을 살 것이다.

2. 미래시제 "-нэ" 어미를 바르게 사용하기

Жишээ нь:

Ах өнөөдөр хөдөөнөөс ирнэ.

형/오빠가 오늘 시골에서 올 것이다.

Миний найз маргааш хичээлээ хийнэ.

친구는 내일 공부를 할 것이다.

Миний дүү удахгүй хоолоо иднэ.

동생은 곧 밥을 먹을 것이다.

Аав ээж хоёр орой кино үзнэ.

아버지와 어머니는 저녁에 영화를 보실 것이다.

Бид удахгүй шинэ зүйл мэднэ.

우리는 곧 새로운 것을 알게 될 것이다.

3. 미래시제 "-но" 어미를 바르게 사용하기

Жишээ нь:

Бид маргааш хот орно.

나는 내일 도시로 갈 것이다.

Би маргааш найзындаа хононо.

나는 내일 친구 집에서 잘 것이다.

Өдөр бид гуанзанд хооллоно.

우리는 낮에 식당에서 밥을 먹을 것이다.

Дараа долоо хоногт бид Токиог зорино.

다음 주에 우리는 동경에 갈 것이다.

Ерөнхийлөгчийн сонгууль удахгүй болно.

곧 대통령 선거이다.

4. 미래시제 "-нө" 어미를 바르게 사용하기

Жишээ нь:

Бид энэ хавар сургуулиа төгсөнө.

우리는 올 봄에 학교를 졸업할 것이다.

Маргааш ээжид бэлэг өгнө.

내일 어머니께 선물을 드릴 것이다.

Дараа сараас дэлхийн зах зээл дээр алтны үнэ өснө.

다음 달부터 국제 시장에서 금값이 오를 것이다.

Эгч маргааш шинэ хувцасаа өмсөнө.

누나/언니는 내일 새 옷을 입을 것이다.

Эхийг уншаарай

Манай ангийн хөвгүүдийн баг маргааш хөл бөмбөгийн тэмцээнд орно. Бид энэ тэмцээнд түрүүлнэ гэж бодож байна. Энэ тэмцээнд түрүүлсэн багт өндөр шагнал өгнө. Бас дэлхийн аваргад оролцох эрх олгоно. Ангийн багш охидын хамт тэмцээнийг үзнэ. Би маргааш довтлогчийн үүрэг гүйцэтгэнэ. Сайн тоглож, их амжилт гаргахын тулд өнөө шөнө сайн унтаж амарна. Бас чанартай сайн хоол иднэ.

Дасгал ажил

Дасгал 1.

빈칸에 미래 시제를 알맞게 활용해 질문에 대한 대답을 완성해 봅시다.

Жишээ нь:

Багш хичээл заасан уу? *-Багш хичээл заана.*

1. Аав ажилдаа явсан уу?
2. Ах хөдөөнөөс буцсан уу?
3. Миний найз архи уусан уу?
4. Ээж шинэ машин авсан уу?
5. Дүү зураг зурсан уу?
6. Ерөнхийлөгч хөдөө ажилласан уу?

Дасгал 2.

아래의 단어들을 미래 시제로 바꿔 쓰고, 빈칸에 채워 문장에 적용시켜 적어 봅시다.

Жишээ нь:

явах-на=явна *Ээж дэлгүүр явна* гэх мэт

1. асуух ______ : Би хичээлээ багшаас ______.
2. хариулах ______ : Багш миний асуусанд ______.
3. суух ______ : Би томоотой ______.
4. хуулах ______ : Би самбараас ______.

5. явах ______ : Би сургууль руугаа ______.

6. утасдах ______ : Миний найз над руу ______.

Дасгал 3.

빈칸에 알맞은 미래 시제 어미와 주어진 단어를 활용해 대화를 완성해 봅시다.

А: Чи хаанаас ирэх вэ?

Б: Би хөдөөнөөс ______ /ирэх/

А: Чи хотод ирээд юу хийх вэ?

Б: Би хотод ирээд янз бүрийн ажил ______ /хийх/

А: Өдөр манайх ямар хоол идэх вэ?

Б: Өнөө өдөр манайх амттай хоол хийж ______ /идэх/

Дасгал 4.

빈칸에 알맞은 미래 시제 어미 **"-нэ"** 과 주어진 단어를 활용해 문장을 완성해 봅시다.

1. Сөүлээс оюутнууд ______ /ирэх/

2. Сөүлээс ирэх оюутнууд монгол хоол ______ /идэх/

3. Сөүлээс ирэх оюутнууд 7 хоног хичээл ______ /хийх/

4. Сөүлээс ирэх оюутнууд монгол кино ______ /үзэх/

5. Сөүлээс ирэх оюутнууд монголын тухай их зүйл

______ /мэдэх/

6. Сөүлээс ирээд буцах оюутнуудад би захиа

______ /бичих/

Дасгал 5.

빈칸에 알맞은 미래 시제어미 **"-но"** 과 주어진 단어를 활용해 질문에 대한 대답을 완성해 봅시다.

Жишээ нь:

Чи хичээлдээ орох уу? *-Би хичээлдээ орно.*

1. Чи аавындаа хонох уу? -______
2. Өдөр хамт хооллох уу? -______
3. Маргааш чи Сөүлийг зорих уу? -______
4. Маргааш бороо орох уу? -______
5. Манай баг өнөөдөр тоглох уу? -______
6. Ангийн даргын сонгууль болох уу? -______

Дасгал 6.

미래시제를 올바르게 활용한 단어를 골라 문장을 완성해 봅시다.

1. Бид өнөөдөр хөл бөмбөг тоглоно/тоглосон.
2. Маргааш их бороо орсон/орно.
3. Манай компани ажилтнуудаа цомхотгоно/цомхотгосон.

4. Ахын хурим болсон/болно.

5. Тэдэнд англи хэлний боловсрол олгоно/олгожээ.

6. Бид амралтаараа Монголыг зорино/зорьжээ.

Дасгал 7.

빈칸에 알맞은 미래 시제어미와 주어진 단어를 활용해 문장을 완성해 봅시다.

1. Би ээждээ бэлэг ______ /өгөх/
2. Миний дүү энэ жил сургуулиа ______ /төгсөх/
3. Манай баг аваргын төлөө ______ /өрсөлдөх/
4. Зах зээл дээр алт, зэсийн үнэ ______ /өсөх/
5. Миний өвөө шатрын тэмцээнд ______ /өрсөлдөх/
6. Миний эмээ өнөөдөр сайхан хувцасаа ______ /өмсөх/

Дасгал 8.

빈칸에 알맞은 미래 시제어미 **"-нө"** 와 주어진 단어를 활용해 대화를 완성해 봅시다.

А: Чи энэ жил яах вэ?

Б: Би энэ жил ахлах сургуулиа ______ /төгсөх/

А: Ахлах сургуулиа төгсөөд дараа нь их сургуульд өрсөлдөх үү?

Б: Ахлах сургуулиа төгсөөд дараа нь их сургуульд ______ /өрсөлдөх/

А: Их сургуулиа төгсөөд дараа нь ямар ажил хийх вэ?

Б: Их сургуулиа төгсөөд загвар ______ /өмсөх/

Дасгал 9.

아래의 어휘를 미래시제로 만들어 봅시다.

харах-харна	үзэх-
бодох- бодно	зурах-
саах- саана	хаах-
ажиллах- ажиллана	асуух-
хариулах-	хуйлах-
явах-	ирэх-
таах-	суух-
орох-	гарах-
оруулах-	гаргах-
сэрэх-	сэхэх-
хээлэх-	будах-
үнсэх-	өтлөх-
солих-	сойх-
сонсох-	дуулах-
хонох-	өнжих-

дэвтэр

АРВАН ЗУРГААДУГААР ХИЧЭЭЛ

Давтлага хичээл.

Нэгдүгээр хичээл

1. Сайн байна уу? Сайн, та сайн байна уу?
2. Таны алдар хэн бэ? Намайг Доржсүрэн гэдэг.
3. Тантай уулзсандаа баяртай байна.
4. Та аль нутгийн хүн бэ? Би Төв аймгийн хүн.
5. Анх уулзаж байна.
6. Та түр хүлээж байгаарай.
7. Хоёулаа эргээд уулзах уу? Тэгье, эргээд уулзъя.
8. Та Солонгос хүн үү? Тийм, би Солонгос хүн.
9. Та Монгол хүн үү? Үгүй, би Монгол хүн биш Соло нгос хүн.
10. Таны эмээ аль нутгийн хүн бэ? Миний эмээ Завх ан аймгийн хүн.

Хоёрдугаар хичээл

1. Дорж гуай та амар сайн байна уу?
2. Анх уулзаж байна.
3. Маш их баяртай байна.
4. Бат байхгүй байна.
5. Орж болох уу?
6. Сууж болох уу?
7. Миний ээж багш.
8. Чи миний найз.
9. Эмчээ, миний бие гайгүй байна уу?
10. Нөхөдөө, маргааш зугаалгаар явна шүү!

Гуравдугаар хичээл

1. Чи өнөөдөр ямар ажилтай вэ? Би өнөөдөр хичээлээ давтана.
2. Маргааш хичээлдээ явах уу? Би маргааш хичээлдэ э явна.

3.Тэнд яваж байгаа Сараа юу? Үгүй, тэнд явж байгаа Долгор.
4. Энэ хэний ном бэ? Энэ миний найзын ном.
5. Орой ангийн хуралд ирэх үү? Орой ангийн хурал д ирнэ.
6. Энэ ямар дэвтэр вэ? Энэ сайхан дэвтэр.
7. Тэр хэний сандал вэ? Тэр багшийн сандал.
8. Энэ зураг уу? Тийм, энэ зураг.
9. Энэ багш уу? Үгүй, энэ багш биш оюутан.
10. Тэр номын сан уу? Гуанз уу? Тэр номын сан биш гуанз.

Дөрөвдүгээр хичээл

1. Энэ юу вэ? Энэ бол дунд сургууль.
2. Тэр юу вэ? Тэр бол их сургууль.
3. Таны нэрийг хэн гэдэг вэ? Миний нэрийг Баяраа г эдэг.
4. Чи ямар оюутан бэ? Би их сайн оюутан.
5. Тэр юу давтдаг вэ? Тэр хичээлээ их давтдаг.
6. Эдгээр зүйл юу вэ? Эдгээр зүйл бол ширээ, сандал, ном дэвтэр юм.
7. Тэдгээр зүйл хэнийх вэ? Тэдгээр зүйл миний найз ынх.
8. Чамд ийм дэвтэр байна уу? Надад ийм дэвтэр бай хгүй.
9. Та өнөө үзгээ мартав аа! За, би өнөө үзгээ мартахг үй ээ.
10. Чи өчигдөр төдий хүртэл хаана байсан бэ? Би өчи гдөр төдий хүртэл гадаа суусан.

Тавдугаар хичээл

1.Энэ хэний аав бэ? Энэ Эрдэнийн аав.

2. Тэр юуны түлхүүр вэ? Тэр машины түлхүүр.

3. Тэр юуны ном бэ? Тэр дууны ном.

4. Энэ хэний үзэг вэ? Энэ тэр хүний үзэг.

5. Энэ хэзээний хоол вэ? Энэ оройн хоол.

6. Тэр хаанахын кино вэ? Тэр Английн кино.

7. Тэр хэний хоол вэ? Тэр Батын хоол.

8. Энэ хаанахын тавилга вэ? Энэ Солонгосын тавилга.

9. Чи хэдний өдөр ирэх вэ? Би арван дөрөвний өдөр и
рнэ.

10. Тэр хоолоо идсэн үү? Тэр оройн хоолоо идээгүй б
айна.

Зургадугаар хичээл

1. Миний дүү бага сургуульд сурдаг.

2. Миний найз их дэлгүүрт ажилладаг.

3. Би нэгэн хувийн компанид ажилладаг.

4. Би тогтмол зургаан цагт босдог.

5. Багшийн өргөөнөө хуралтай.

6. Энэ номд их зүйл бичсэн байна.

7. Би ахад зургаа үзүүллээ.

8. Би Улаанбаатарт амьдардаг.

9. Ерөнхийлөгч танаа энэ захидлыг илгээв.

10. Хааны өргөөнөө түр саатаад ирлээ.

Долоодугаар хичээл

1. Тэр хүнийг хэн гэдэг вэ? Тэр хүнийг Хасар гэдэг.
2. Энэ зургийг хэнд өгөх вэ? Энэ зургийг багшид өг өөрэй.
3. Чи хэдэн алим авах вэ? Би хоёрыг авъя.
4. Чи Сарааг таних уу? Би Сарааг танихгүй.
5. Энэ толгойг юу гэж нэрлэдэг вэ? Энэ толгойг Зайс ан гэж нэрлэдэг.
6. Энэ ангид юу хийж байна вэ? Энэ ангийг цэвэрлэ ж байна.
7. Энэ зургийг хэн зурсан бэ? Энэ зургийг миний на йз зурсан.
8. Ононг яаж гатлах вэ? Ононг мориор гатлах хэрэгтэй.
9. Чи юу онгойлгож байна вэ? Би өрөөг онгойлгож б айна.
10. Энэ газрыг юу гэж нэрлэдэг вэ? Энэ газрыг Яарм аг гэж нэрлэдэг.

Наймдугаар хичээл

1.Чи хаанаас ирэв? Би сургуулиас ирлээ.
2. Тэр хаанаас ирсэн хүн бэ? Тэр Японоос ирсэн хүн.
3. Энэ захиа хаанаас ирсэн байна? Энэ захиа хөдөөн өөс ирсэн байна.
4. Та нар ус хаанаас авчирав? Бид нар голоос ус авчи рлаа.
5. Тэмээнээс юу хурдан бэ? Тэмээнээс морь илүү хур дан.

6. Энэ хэнээс ирсэн бэ? Энэ даргаас ирсэн.

7. Үүнийг хэнээс авсан бэ? Үүнийг худалдаанаас авсан.

8. Та хаанаас талх авсан бэ? Би дэлгүүрээс талх авлаа.

9. Энд хэзээнээс дулаарна гэнэ вэ? Энэ сарын долоон оос дулаарна гэнэ.

10. Тэр хэний өмнөөс үг хэлсэн бэ? Миний өмнөөс тэ р үг хэлжээ.

Есдүгээр хичээл

1. Бид дэлгүүрээр ороод удахгүй ирнэ.
2. Бид машинаар яваад, мориор ирсэн.
3. Би ээжээр шинэ хувцас авахуулсан.
4. Шинэ сүүгээр цай чанавал сайн.
5. Би сая их мөнгөөр худалдаа хийлээ.
6. Энэ даргаар үг хэлүүлэх хэрэгтэй.
7. Чамаар хичээл заалгах хэрэгтэй байна.
8. Би дэлгүүрээр ороод ирье.
9. Би онгоцоор хөдөө явна.
10. Өчигдрөөр өнөөдрийг төсөөлж болохгүй.

Аравдугаар хичээл

1. Аав ээжтэй аялалаар явах их сайхан байдаг.
2. Би өөрийнхөө машинтай хот руу явна.
3. Халуун нартай өдөр гадуур яваад хэрэггүй.
4. Ширүүн бороотой өдөр гэртээ байх хэрэгтэй.
5. Зөөлөн салхитай, сартай шөнө гадуур зугаалах са йхан.

6. Бид зурагтай ном үзэж байна.

7. Би ээжтэй дэлгүүр явлаа.

8. Бид нартай хамт гадаад явна гэсэн.

9. Би ногоотой хоолонд дуртай.

10. Бид өчигдөр их зочидтой байсан.

Арван нэгдүгээр хичээл

1. Бид өвөл Монгол руу аялалаар явна.

2. Дараа жил Европ руу аялана.

3. Би одоо дэлгүүр лүү яваад ирье.

4. Удахгүй ээж рүү явна.

5. Манай улс сар руу хиймэл дагуул хөөргөсөн.

6. Би Монгол руу маргааш явна.

7. Тэр эгч рүү очиж байна.

8. Багш самбар луу явж байна.

9. Чи тэнгэр лүү хараарай.

10. Тэр хүн лүү хараад хэрэггүй шүү.

Арван хоёрдугаар хичээл

1. Би маргааш өглөө шинэ ном авъя.

2. Одоо унтаад өглөө эрт сэрье.

3. Маргааш танайд очиж хоноё.

4. Аавыг хурдан сэрээе.

5. Аав одоо манай багштай уулзъя гэсэн юм.

6. Гадаа хүйтэн байна. Цонхоо хаая.

7. Найзтайгаа очиж уулзъя.

8. Энэ ачааг хурдан тээе.

9. Түүнийг хурдан олъё.

10. Багшийн үгийг сонсъё.

Арван гуравдугаар хичээл

1. Би одоо сонирхолтой шинэ ном уншиж байна.
2. Манай ангид шинэ сайхан самбар байна.
3. Манай гэрийнхэн өглөө бүр эрт босдог.
4. Манай багш Солонгост яваа.
5. Бид одоо үдийн цайгаа ууж байна.
6. Би ном уншиж байна.
7. Дүү тоглож байна.
8. Хотод машин байна.
9. Би өдөр бүр сургуульдаа явдаг.
10. Найз ууланд яваа.

Арван дөрөвдүгээр хичээл

1. Би амралтаараа олон ном уншлаа.
2. Манай ангийн найзууд өчигдөр манайд ирэв.
3. Манай аав олон улсын хуралд оролцохоор Америк руу явсан.
4. Миний ах аялалаар яваад саяхан иржээ.
5. Манай багш өчигдөр их сайхан зантай байсан.
6. Багш хичээл заалаа.
7. Дүү дэлгүүрээс ирлээ.
8. Би хөдөөнөөс ирэв.
9. Сөүлээс ирсэн оюутнууд нутаг руугаа баяртай буцав.
10. Айлууд өчигдөр нүүсэн.

Арван тавдугаар хичээл

1. Би ирэх жил заавал Монголд очиж үзнэ.
2. Орой манай найз залуу намайг дайлна.
3. Маргааш эрт явж Улаанбаатар хот орно.
4. Энэ өвөл миний дүү бага сургууль төгсөнө.
5. Маргааш цаг агаар их сайхан байна.
6. Ээж нөгөөдөр амралтаа авна.
7. Ах өнөөдөр хөдөөнөөс ирнэ.
8. Ерөнхийлөгчийн сонгууль удахгүй болно.
9. Дараа сараас дэлхийн зах зээл дээр алтны үнэ өснө.
10. Эгч маргааш шинэ хувцасаа өмсөнө.

дэвтэр

Хавсралт 1

Дасгал ажлын хариу.

Нэгдүгээр хичээл

Дасгал 2.

1. Сайн байна уу? Сайн, та сайн байна уу? Би тантай уулзсандаа баяртай байна. Би ч бас баяртай байна.
2. Сайн байна уу? Анх уулзаж байна. Миний нэр Батсайхан. Намайг Доржсүрэн гэдэг.
3. Сайн байна уу? Сайн. Та сайн байна уу? Би Төв аймгийн хүн. Наадам сайхан болж байна. Та наадам дуустал байх уу? Байна аа. Дараа уулзъя.

Дасгал 3.

1. сум, ор, эм, ном, мод, ус, хол, ишиг, унага, нүд
2. аав, ээж, хоол, цаас, ширээ, өвөө, уул, сүү, хүүхэд, эмээ
3. малгай, дэгдээхэй, аймаг, манай, байна, буйдан, могой, тоорой, тайван, байшин
4. өргөн, намтар, боловсрол, намар, өвөл, парк, кино, карт, фабрик, фото
5. хонио, сургуулиа, морио, ардын, ээжийн, ахын, эгчийн, ангийн

Дасгал 4.

ах,гал,аав,сонгино,сар,сайн,гутал,нар,алим,ном,зам,нохой,ээж,гэр,дүү,жимс,сүх,сүү,эгч,цүнх

Дасгал 5.

1. Сайн байна уу? Миний нэр Баяр. Би Монгол хүн.
2. Сайн байна уу? Миний нэр Ким Хи Вуонь. Би Солонгос хүн.
3. Сайн байна уу? Миний нэр Жон. Би Америк хүн.

Хоёрдугаар хичээл

Дасгал 1.

Миний нэр Ким Жунг Мин. Намайг Ким Жунг Мин гэдэг. / Миний нэр Юна. Намайг Юна гэдэг. / Миний нэр Болд. Намайг Болд гэдэг. / Миний нэр Дорж. Намайг Дорж гэдэг. / Миний нэр Оюун. Намайг Оюун гэдэг. / Миний нэр Баяр. Намайг Баяр гэдэг.

Дасгал 2.

Ахаа сайн уу? / Эгчээ сайн уу? / Өвөө сайн байна уу? / Эмээ сайн байна уу? / Батаа сайн байна уу? / Эмчээ сайн байна уу?

Дасгал 3.

Ээж сайн. / Өвөө амар сайн байгаа. / Сонин юмгүй тайван. / Гайгүй ээ. / За яахав дээ. / Дажгүй ээ сайн.

Дасгал 4.

Багш байна. Багш байхгүй байна. / Мён Ил байна. Мён Ил байхгүй байна. / Ху Жин байна.

Ху Жин байхгүй байна. / На Хён байна. На Хён байхгүй байна. / Сү Хён байна. Сү Хён

байхгүй байна. / Гэрэл тамирчин байна. Гэрэл тамирчин байхгүй байна.

Дасгал 5.

Болно, болно. Ороорой./Үзүүлээрэй./Яваарай./Амараарай./Идээрэй./Асуугаарай.

Одоохондоо болохгүй ээ, түр хүлээгээрэй.

Гуравдугаар хичээл

Дасгал 1. Энэ юу вэ? / Тэр юу вэ?

Энэ анги. Энэ сургууль. Энэ ширээ. Энэ сандал. Энэ үзэг. Энэ дэвтэр. Энэ харандаа. Энэ цүнх. Энэ эмч. / Тэр анги. Тэр сургууль. Тэр ширээ. Тэр сандал. Тэр үзэг. Тэр дэвтэр. Тэр харандаа. Тэр цүнх. Тэр эмч.

Дасгал 2. Энэ хэн бэ? / Тэр хэн бэ?

Энэ ах. Энэ эгч. Энэ дүү. Энэ өвөө. Энэ эмээ. Энэ хүү. Энэ охин. Энэ оюутан. Энэ зурагчин. Энэ цагдаа. / Тэр ах. Тэр эгч. Тэр дүү. Тэр өвөө. Тэр эмээ. Тэр хүү. Тэр охин. Тэр оюутан. Тэр зурагчин. Тэр цагдаа.

Дасгал 3.

1. Сайн байна уу? Сайн. Сайн байна уу?
2. Та хаанаас явна вэ? Би сургуулиас явна.
3. Энэ чиний найз уу? Тийм, энэ миний найз.
4. Тэр чиний машин уу? Үгүй, тэр миний машин биш.

Дасгал 4.

Утас уу? Зөөгч үү? Зураач уу? Цаг уу? Худалдагч уу? Дарга уу? Багш уу? Дугтуй юу? Шинэ үү? Хувцас уу? Цүнх үү? Хуучин уу? Нар уу? Ном уу? Архи уу? Сар уу? Дэвтэр үү? Ааруул уу?

Дасгал 5.

1. Энэ Сараа юу?, Болдоо юу?	Энэ Сараа.
2. Тэр Нараа юу?, Навчаа юу?	Тэр Навчаа.
3. Энэ Батаа юу?, Баяраа юу?	Үгүй, энэ Батаа, Баяраа биш, Эрдэнэ.
4. Тэр Анхаа юу?	Тийм, тэр Анхаа.

Дасгал 6.

1. Энэ оюутан уу?, эмч үү?	Энэ эмч.
2. Энэ ном уу?, дэвтэр үү?	Энэ дэвтэр.
3. Энэ анги уу?, сургууль уу?	Энэ сургууль.

4. Энэ Болдоо юу?, Сүхээ юу? — Энэ Сүхээ.
5. Тэр Сараа юу?, Энхээ юу? — Тэр Сараа/Энхээ.
6. Энэ мод уу?, чулуу юу? — Энэ чулуу.
7. Энэ харандаа юу?, үзэг үү? — Энэ харандаа.
8. Энэ зураг уу?, зурагт уу? — Энэ зураг/зурагт.
9. Энэ Солонго уу?, Ариунаа юу? — Энэ Ариунаа.

Дөрөвдүгээр хичээл

Дасгал 1.

Би хоол идэж байна. / Чиний нэр хэн бэ? / Энд сууж бай. / Чамд одоо мөнгө өгнө. / Би одоо завтай. / Чи өнгөрсөн долоо хоногт юу хийсэн бэ? / Одоо тэд байрандаа очсон.

Дасгал 2.

Чи чамд хайртай. Та чамд хайртай. Та нар чамд хайртай.

Дасгал 3.

Энэ юу вэ? Энэ бол ширээ. Хэний ширээ вэ? Миний найзын ширээ. Та маргааш нөгөө номоо марталгүй авчираарай. За, би маргахгүй ээ. Чи өдий болтол юу хийж байна? Би өдий болтол хичээлээ хийсэн юм.

Дасгал 4.

Та эдгээр/өдий юмыг хурдан зөөгөөрөй. Чи ингэж/нөгөө номоо авчираарай. Та нар эдгээр/ өдий юманд хүрч болохгүй шүү. Тэр өдий/эдгээр болтол ном уншиж байна. Түүнд төдий/ийм сайхан ном байгаа болов уу? Би эдгээр/өдий юмыг их хайрладаг.

Дасгал 5.

Энэ хэн бэ? Энэ бол Эрдэнээ. Тэр юу вэ? Тэр бол машин. Энэ ямар машин бэ? Энэ сайхан машин. Хот руу аль автобус явах вэ? Хот руу хөх автобус нь явна. Одоо хэдэн цаг болж байна вэ? Одоо 6 цаг болж байна. Хичнээн хүн монгол хэл сурч байна вэ? Арван таван хүн монгол хэл сурч байна.

Дасгал 6.

1. Энэ хэн бэ? — Энэ цагдаа.
2. Тэр юу вэ? — Тэр нохой.
3. Энэ ямар машин бэ? — Энэ их сайн машин.
4. Чи хэдэн цагт босох вэ? — Би 5 цагт босно.
5. Хичнээн хүн хэл сурч байна вэ? — 20 гаруй хүн хэл сурч байна.
6. Та хэзээ эргэж ирэх вэ? — Би маргааш эргэж ирнэ.

Тавдугаар хичээл

Дасгал 1.

1. Энэ хэний аав бэ? — Энэ Сүрэнгийн аав.
2. Энэ хэний аяга вэ? — Энэ ээжийн аяга.
3. Энэ хэний машин бэ? — Энэ дүүгийн машин.
4. Тэр юуны хаалга вэ? — Тэр сургуулийн хаалга.
5. Тэр ангийн цонх мөн үү? — Тийм, тэр ангийн цонх.
6. Тэр багшийн үзэг мөн үү? — Үгүй, тэр багшийн үзэг биш.

Дасгал 2.

Энэ ахын найз. Тэр аавын дүү. Энэ сургуулийн номын сан. Тэр Батын хүүхэд. Энэ ханын зураг. Тэр залуугийн малгай.

Дасгал 3.

Олны үг ортой. / Баяны явдал балагтай. / Ардын дууны сайхан ая эгшиглэнэ. / Хааны хатан үзэсгэлэнтэй. / Тэр ордоны дотор их сайхан. / Гучины орой уулзалттай.

Дасгал 4.

1. Энэ хэний найз вэ? Энэ миний найз.
2. Энэ хэний машин бэ? Энэ чиний машин.
3. Энэ хаанахын бодлого вэ? Энэ их гүрний бодлого.
4. Тэр юуны тэрэг вэ? Тэр тэмээний тэрэг.
5. Тэр хаанахын хүн бэ Тэр хөдөөний хүн.
6. Хэдний өдөр вэ? Дөрөвний өдөр.

Дасгал 5.

Ойн мод урттай, богинотой байдаг. / Хангайн уулс өндөр, нам харагдана. / Далайн ус давстай юм. / Малгайн бүч урт тусмаа сайн. / Дэлхийн хүмүүс олон хэлээр ярьдаг. / Нохойн дуу ойртож байна.

Дасгал 6.

ном-номын / үзэг- үзэгний / дэвтэр- дэвтэрийн / зураг-зурагны / гэр-гэрийн / нохой- нохойн /ажил- ажлын / гар- гарын / цэцэг- цэцгийн / ширээ-ширээний / зурагт-зурагтын / говь- говийн / хангай- хангайн / машин- машины / ор- орны / зун- зуны / намар- намрын / өвөл-өвлийн / хавар- хаврын / шинэ- шинийн / хуучин- хуучны / аяга- аяганы / Бат-Батын / Жон-Жоны / аав-аавын / ээж- ээжийн / ах- ахын / эгч-эгчийн / анги- ангийн / сургууль- сургуулийн

Зургадугаар хичээл

Дасгал 1.

1. сургуульд — Би сургуульд ажилладаг.
2. номын санд — Би номын санд ажилладаг.
3. хороололд — Би хороололд ажилладаг.
4. байшинд — Би байшинд ажилладаг.
5. гуанзанд — Би гуанзанд ажилладаг.
6. компанид — Би компанид ажилладаг.

Дасгал 2.

Энэ ном манай ахад байдаг. / Тэр ах аавын компанид ажилладаг. / Ийм ном сургуулийн номын санд бий. / Тэр эмэгтэй Батад хайртай. / Манай багшид олон дэвтэр байна. / Энэ далайд зугаалах сайхан.

Дасгал 3.

1. цагт — Би 10 цагт сургуульдаа явдаг.
2. байранд — Би байранд суудаг.
3. дэлгүүрт — Тэр дэлгүүрт ажилладаг.
4. Улаанбаатарт — Улаанбаатарт өнөөдөр бороотой.
5. аймагт — Дорнод аймагт хуралтай.
6. тасагт — Манай тасагт ирээрэй.

Дасгал 4.

Би хотод амьдардаг. / Миний найз гэрт суудаг. / Энэ дэвтэрт бичиг байна. / Дүү сүүнд дуртай. / Энэ нохойд нэр өгөөрэй. / Тэр машинд суугаад яваарай.

Дасгал 5.

Улаанбаатар хотноо чуулгантай. / Аав танаа захиа илгээв. / Ерөнхийлөгчийн өргөөнөө уулзалттай. / Хааны ордоноо бараалхах хэрэгтэй. / Ээж танаа бэлэг хүргүүлэв. / Захирлын өргөөнөө маргааш уулзая.

Дасгал 6.

ном-номд / үзэг- үзэгэнд / дэвтэр-дэвтэрт / зураг- зурагaнд / гэр- гэрт / нохой- нохойд / ажил- ажилд / гар- гарт / цэцэг-цэцэгт / ширээ- ширээнд / зурагт- зурагтанд / говь- говьд / хангай- хангайд / машин- машинд / ор- оронд / зун- зунд / намар- намарт / өвөл- өвөлд / хавар- хаварт/ шинэ- шинэд / хуучин- хуучинд / аяга- аяганд / Бат- Батад / Жон- Жонд / аав- аавд / ээж- ээжид / ах- ахад / эгч- эгчид / анги- ангид / сургууль-сургуульд

Долоодугаар хичээл

Дасгал 1.

1. Энэ залууг хэн гэдэг бэ? Энэ залууг Тэнгис гэдэг.
2. Тэр хүнийг хэн гэдэг вэ? Тэр хүнийг Далай гэдэг.
3. Энэ мөнгийг чи авах уу? Энэ мөнгийг би авахгүй.
4. Тэр үнэнийг мэдэх үү? Тэр үнэнийг мэднэ.
5. Тэр ангийг онгойлгосон уу? Тэр ангийг онгойлгосон.
6. Миний цүнхийг авсан уу? Чиний цүнхийг аваагүй.

Дасгал 2.

Өчигдөр ээжийг шагнасан. / Өнөөдөр эгчийг бас шагнана. / Чи энэ морийг унаад яв. / Тэр Сүхийг хүлээж байна. / Бид багшийг харж байна. / Энэ өрөөний гэрлийг унтраа.

Дасгал 3.

Бид даргыг хүлээж байна. / Энэ номыг түүнд өгөх хэрэгтэй. / Би Монголыг сонирхож байна. / Хааныг хатан нь хүлээж байна. / Тэр Солонгос улсыг маргааш зорино. / Хориныг өнгөрөөгөөд уулзъя.

Дасгал 4.

Тэр одоо миний ахыг хүлээж байна. / Та энэ хуудасыг бөглөх хэрэгтэй. / Намайг хүн хүлээж байгаа. / Чамайг бид хүлээж байна. / Би аравыг авъя. / Бид Монголыг их сонирхож байна.

Дасгал 5.

Би ардын дууг сайхан дуулдаг. / Чи миний дүүг сайн харж байгаарай. / Далайг гатлах их хэцүү байна. / Та нар Сүрэнг дуудаад ир. / Дэлхийг хүмүүс бөөрөнхий хэлбэртэй гэж боддог. / Энэ залууг их эрдэмтэй гэж сонссон.

Дасгал 6.

үзэг- үзгийг / дэвтэр- дэвтэрийг / зураг- зургийг / гэр- гэрийг / нохой- нохойг / ажил- ажлыг / гар- гарыг / цэцэг- цэцгийг / ширээ- ширээг / зурагт- зурагтыг / говь- говийг / хангай- хангайг / машин- машиныг / ор-ороныг / зун- зуныг / намар- намрыг / өвөл- өвлийг / хавар- хаврыг / шинэ- шинийг / хуучин- хуучныг / аяга- аягыг / Бат- Батыг / Жон- Жоныг / аав- аавыг / ээж- ээжийг / ах- ахыг / эгч- эгчийг / анги- ангийг / сургууль- сургуулийг

Наймдугаар хичээл

Дасгал 1.

Өнөөдөр ааваас бэлэг ирнэ. / Маргааш ахаас захиа ирнэ. / Одоо захирлаас үг хэлнэ. / Одоо би Анхаагаас ном авахаар явлаа. / Энэ байшингаас өндөр байшин үгүй. / Тэр номын сангаас шинэ ном авсан гэнэ.

Дасгал 2.

1. цагаас — Би 10 цагаас хуралтай.
2. байрнаас — Би байрнаас одоо гарлаа.
3. сумаас — Тэр сумаас ирнэ.
4. Улаанбаатараас — Улаанбаатараас зочид ирнэ.
5. аймгаас — Дорнод аймгаас миний найз ирж яваа.
6. бараанаас — Энэ бараанаас авах хэрэгтэй.

Дасгал 3.

Энэ эгч миний ээжээс намхан юм байна. / Удахгүй эгчээс хэл ирнэ гэж бодож байна. / Тэд Сөүлээс өнөөдөр ирэх байх. / Энэ хичээлээс чөлөө авах хэрэгтэй. / Одоо биднээс энэ тухай асуухгүй. / Та тэрнээс энэ тухай заавал асуугаарай.

Дасгал 4.

1. Чи хэнээс асуух вэ? — Би Сүхээгээс асууна.
2. Тэр хэзээнээс ирэх вэ? — Тэр нэгнээс ирнэ.
3. Чи хэднээс буцах вэ? — Би арван нэгнээс буцна.
4. Тэр чихэрнээс авсан уу? — Тэр чихэрнээс авсан.

5. Чи тэрнээс асуусан уу? Би тэрнээс асуусан.

6. Тэднээс хэн ирсэн бэ? Тэднээс хэн ч ирээгүй.

Дасгал 5.

Энэ долоо хоногоос ирнэ. / Үүнийг Содномоос асуу. / Энэ тухай номоос унших хэрэгтэй. / Энэ моднoос нэгийг авъя. / Хониноос ноос гардаг. / Энэ голоос загас барихад амархан.

Дасгал 6.

А: Чи Японоос ирсэн үү?

Б: Үгүй, би Японоос ирээгүй. Монголоос ирсэн.

А: Чи хэзээ буцах вэ?

Б: Би ирэх долоо хоногоос буцна.

А: Маргааш цаг агаар ямар байх бол?

Б: Би мэдэхгүй. Чи миний найз Сономоос асуу. Тэр цаг уурт ажилладаг.

Дасгал 7.

Бат өглөөнөөс орой болтол ажилласан. / Төрөөс шинэ хууль их гаргаж байна. / Нөгөөдрөөс бид буцах санаатай. / Өчигдрөөс ажил овоо бүтэж байна. / Миний өмнөөс чи заавал очоорой. / Наад цүнхнийхээ хөхөөс нь хэдийг аваарай.

Дасгал 8.

Өглөөнөөс орой хүртэл. / Өнөөдрөөс маргааш хүртэл. / Өвгөнөөс эмгэн хүртэл. / Өндрөөс нам болтол. / Хөгшинөөс залуу хүртэл. / Хөхөөс улааныг хүртэл.

Дасгал 9.

ном-номоос / үзэг- үзэгнээс / дэвтэр- дэвтэрээс / зураг- зурагнаас / гэр- гэрээс / нохой- нохойноос / ажил- ажлаас / гар- гараас / цэцэг- цэцгээс / ширээ- ширээнээс / зурагт- зурагтаас / говь- говиос / хангай- хангайгаас / машин- машинаас / ор- орноос / зун- зунаас / намар- намраас / өвөл- өвлөөс / хавар- хавраас / шинэ- шинээс / хуучин- хуучнаас / аяга- аяганаас / Бат- Батаас / Жон- Жоноос / аав- ааваас / ээж- ээжээс / ах- ахаас / эгч- эгчээс / анги- ангиас / сургууль- сургуулиас

Есдүгээр хичээл

Дасгал 1.

Би машинаар хөдөө явна. / Маргааш ахаар ном авахуулна. / Одоо захирлаар үг хэлүүлье. / Энэ аяаар дуулах хэрэгтэй байна. / Чи Англиар ярьдаг уу? / Нүүрээ усаар сайн угаа.

Дасгал 2.

1. даавуугаар — Энэ даавуугаар хувцас оё.
2. Ааваар — Ааваар ном уншуул.
3. сумаар — Энэ сумаар түр дайраад явъя
4. Сараагаар — Сараагаар дайлуулъя.
5. чаргаар — Өвөл чаргаар гулгадаг.
6. Утасаар — Би утасаар ярих ёстой.

Дасгал 3.

Би одоо тэмээгээр хөдөө явна. / Манай эгчээр англи хэл заалга. / Энэ гүүрээр болгоомжтой гараарай. / Үүнийг нэг нэгээр нь зөөгөөрөй. / Сүрэнгээр би ном авахуулахаар болсон. / Хүүхдүүд цасаар тоглож байна.

Дасгал 4.

1. Тэр чамаас хэдээр дүү вэ? Тэр надаас нэгээр дүү.
2. Чи хэнээр хичээлээ Би ээжээр хичээлээ заалгадаг.заалгадаг вэ?
3. Тэр хэдийгээр ирэх вэ? Тэр энэ сарын сүүлээр ирнэ.
4. Тэргээр явуулж болох уу? Болно, тэргээр явуулчих.
5. Газар үндэсээр баян уу? Тийм, газар үндэсээр баян.
6. Чи гүүрээр гарах уу? Үгүй, би гүүрээр гарахгүй.

Дасгал 5.

Бид Монгол руу онгоцоор ниснэ. / Би Монгол орноор аялана. / Тэд Японоор бага зэрэг ярьдаг. / Үүнийг модоор хийвэл сайн. / Би мориор зугаалах дуртай. / Энэ дэлгүүр доллароор худалдаа хийдэг.

Дасгал 6.

А: Чи Монголоор ярьдаг уу?

Б: Үгүй, би Монголоор ярьдаггүй. Харин Японоор сайн ярьдаг.

А: Чи юугаар ирсэн бэ?

Б: Би мориор ирсэн.

А: Одоо чи юугаар буцах вэ?

Б: Би одоо яаруу ажилтай тул онгоцоор буцна.

Дасгал 7.

Төгсөөгөөр хэдэн ном явууллаа. / Энэ дэлгүүр монгол төгрөгөөр л худалдаа хийдэг. / Худалдааны төвөөр ороод ирээрэй. / Шөлөөр цадаж, төлөөр баяждаг гэж нэг үг бий. / Монгол мөнгөөр худалдаа хийж болно. / Тэр ширээг хөхөөр будаарай.

Дасгал 8.

1. мөнгөөр	Энэ номыг солонгос мөнгөөр авч болно.
2. хөзрөөр	Тэд хөзрөөр тоглож байна.
3. өвдгөөр	Түүний өвдгөөр өвдөөд байгаа.
4. хөгшинөөр	Тэр хөгшинөөр үлгэр яриул.
5. дөч дөчөөр	Дөч дөчөөр хувиарлах хэрэгтэй.
6. хөхөөр	Энэ сандалыг хөхөөр будсан байна.

Дасгал 9.

ном-номоор / үзэг- үзгээр / дэвтэр- дэвтэрээр / зураг- зургаар / гэр-гэрээр / нохой- нохойгоор / ажил- ажлаар / гар- гараар / цэцэг- цэцгээр / ширээ- ширээгээр / зурагт- зурагтаар / говь-говиор / хангай- хангайгаар / машин- машинаар / ор- ороор / зун- зунаар / намар-намраар / өвөл-өвлөөр / хавар- хавраар / шинэ- шинээр / хуучин- хуучнаар / аяга-аягаар / Бат- Батаар / Жон- Жоноор / аав- ааваар / ээж- ээжээр / ах- ахаар / эгч-эгчээр / анги- ангиар / сургууль- сургуулиар

Аравдугаар хичээл

Дасгал 1.

Аав маргааш машинтай ирнэ. / Ахтай бид хөдөө явахаар боллоо. / Би Сараатай цуг англи хэл сурч байна. / Одоо захиралтай уулзах хэрэг байна. / Би олон Солонгос найзтай болсон. / Та надтай цуг яваарай.

Дасгал 2.

1. найзтай	Би олон найзтай.
2. царайтай	Миний найз цагаан царайтай.

3. урттай — Ойн мод урттай, богинотой.

4. Батаатай — Би Батаатай гадаа тоглолоо.

5. настай — Миний өвөө өндөр настай.

6. Утастай — Миний ах их үнэтэй утастай.

Дасгал 3.

Тэр миний хүүтэй дотно найз. / Энэ залуу манай эгчтэй үерхэдэг. / Би түүнтэй цуг хоол идсэн. / Өвөө хөдөөнөөс цагаан идээтэй ирлээ. / Энэ дэлгүүрт үлгэртэй ном байна уу? / Би одоо олон хүүхдүүдтэй найз болсон.

Дасгал 4.

1. Чи хэнтэй найз вэ? — Би Энхээтэй найз.
2. Танай дүү хэдтэй вэ? — Манай дүү арван дөрөвтэй.
3. Хөдөө чи хэн, хэнтэй явах вэ? — Би хөдөө Бат, Энх, Сүх, Баяр дөрөвтэй явна.
4. Тэдэнтэй юу хийх вэ? — Тэдэнтэй юу ч битгий хийгээрэй.
5. Чи хэнтэй аялах вэ? — Би ээж, эгчтэй хамт аялна.
6. Тэрэнтэй танилцаж болох уу? — Болно, болно. Тэрэнтэй одоо танилц.

Дасгал 5.

Манай улс Солонгостой сайн харилцаатай. / Та нар манай оронтой сайн танилцах хэрэгтэй. / Энэ бортой цамцыг өмсөж бай. / Тэд Японтой сайн харьцаатай биш. / Энэ модтой уулаар зугаална. / Тэр морьтой хүнтэй уулзах хэрэг байна. / Чи ногоотой хоол сайн идэж байгаарай.

Дасгал 6.

А: Танай улс Монголтой ямар харьцаатай вэ?

Б: Манайх монголтой сайн харьцаатай.

А: Тэгвэл Оростой холбоотой ажилладаг уу?

Б: Үгүй, Оростой холбоотой ажилладаггүй.

А: Солонгостой найрамдалт харьцаа тогтоох бодолтой байна уу?

Б: Солонгостой найрамдалт харьцаа тогтоох бодолтой байна.

Дасгал 7.

ном-номтой / үзэг- үзэгтэй / дэвтэр- дэвтэртэй / зураг- зурагтай / гэр-гэртэй / нохой- нохойтой / ажил- ажилтай / гар- гартай / цэцэг- цэцэгтэй / ширээ- ширээтэй / зурагт- зурагттай / говь- говьтой / хангай- хангайтай / машин- машинтай / ор- ортой / зун- зунтай / намар- намартай / өвөл-өвөлтэй / хавар- хавартай / шинэ- шинэтэй / хуучин- хуучинтай / аяга-аягатай / Бат- Баттай / Жон- Жонтой / аав- аавтай / ээж- ээжтэй / ах-ахтай / эгч- эгчтэй / анги- ангитай / сургууль- сургуультай

Арваннэгдүгээр хичээл

Дасгал 1.

А: Энэ цайг юу руу хийх вэ?

Б: Наад цайгаа данх руу хийчих.

А: Энэ хоёр данхны ямар луу нь хийх вэ?

Б: Улаан руу хийгээрэй.

А: Энэ жил чи аль улс руу аялах вэ?

Б: Энэ жил би Солонгос руу аялана.

Дасгал 2.

1. гуанз руу — Тэд гуанз руу орлоо.
2. гол руу — Бид гол руу маргааш явна.
3. Тан руу — Тан руу хүн залгав уу?
4. Батаа руу — Би Батаа руу очих хэрэг байна.
5. Чам руу — Чам руу би захиа явуулсан.
6. Утас руу — Миний утас руу залгаарай.

Дасгал 3.

А: Би хэд рүү залгах вэ?

Б: Би 1991 рүү залгаарай.

А: Чи хэчнээн рүү залгаж хэлэв?

Б: Би ихэнх рүү нь залгаад хэлчихлээ.

А: Чи манай ээж рүү залгасан уу?

Б: Би танай ээж рүү залгаж амжаагүй байна.

Дасгал 4.

Би тэр хүү рүү очих бодолтой байна. / Тэр эмч рүү нэг залгаарай. / Энэ үүд рүү битгий очоорой. / Аав өвөө рүү бэлэг явуулсан. / Ээж эмээ рүү захиа илгээсэн. / Би түүн рүү зураг явуулсан.

Дасгал 5.

Миний найз самбар луу очив. / Маргааш отор луу явах хэрэг байна. / Би Болгар луу маргааш нисмэ. / Би та нар луу маргааш очъё. / Чи миний гар луу залгаарай. / Судлаачид сар луу нисэх бэлтгэл хийж байна.

Дасгал 6.

Нар луу харах нүдэнд муу. / Та нар луу гэр бүлийнхэн чинь очно гэнэ. / Бид театр луу орой явна. / Миний найзын гар луу битгий хүрээрэй. / Цагаан самбар луу очих хэрэггүй шүү. / Дүүг савлуур луу битгий очуулаарай.

Дасгал 7.

Бид гэр лүү очих хэрэгтэй байна. / Ээж дэлгүүр лүү явсан. / Чи өндөр лүү нь очоорой. / Түүний нүүр лүү сайн хараарай. / Эгчийн нөмрөг лүү цай асгачихлаа. / Тэд гүүр лүү очихоор гүйж байна.

Дасгал 8.

Түүний нэр лүү их шохоорхон харсан. / Эгчийн нөхөр лүү би сайн харж чадаагүй. / Тэнгэр лүү харахаар хүзүү өвддөг. / Модны мөчир лүү чулуу битгий шидээрэй. / Зээр лүү битгий буудаарай. / Дэлгүүр лүү яаж явах замыг зааж өгөөч.

Дасгал 9.

ном-ном руу / үзэг- үзэг рүү / дэвтэр- дэвтэр лүү / зураг- зураг руу / гэр-гэр лү / нохой- нохой руу / ажил-ажил руу / гар- гар луу / цэцэг- цэцэг рүү / ширээ- ширээ рүү / зурагт- зурагт руу / говь- говь руу / хангай- хангай руу / машин- машин руу / ор- ор луу / зун- зун руу / намар- намар луу / өвөл- өвөл рүү / хавар- хавар луу / шинэ- шинэ рүү / хуучин- хуучин руу / аяга- аяга руу / Бат- Бат руу / Жон- Жон руу / аав- аав руу / ээж- ээж рүү / ах- ах руу / эгч- эгч рүү / анги- анги руу / сургууль- сургууль руу

Арван хоёрдугаар хичээл

Дасгал 1.

А: Чи хаашаа явах гэж байна?

Б: Би Улаанбаатар хот руу явъя.

А: Би чамаас нэг зүйл асууя.

Б: Тэгээ тэг. Би таны асуултанд хариулъя.

А: Чи одоо завтай байна уу? Хоёулаа хамт нэг шил юм уух уу?

Б: Би одоо завтай байна. Ууя.

Дасгал 2.

1. асууя — Түүнээс сайн асууя.
2. хариулъя — Би энэ талаар хариулъя.
3. сууя — Энд жаахан сууя.
4. хуулъя — Үүнийг хурдан хуулъя.
5. явъя — Эндээс хурдан явъя.
6. утасдъя — Сараа руу хурдан утасдъя.

Дасгал 3.

А: Маргааш хамт олны хурал хийе.

Б: Тэгье. Гэхдээ ямар асуудал хэлэлцэх юм бэ?

А: Шинэ захирал томилъё.

Б: Тэгтэл Батын нэрийг дэвшүүлье.

А: Тэгвэл түүнд одоо урилга илгээе.

Б: Тэгээд түүний саналыг хүлээе.

Дасгал 4.

Энэ наадмаар түүнтэй барилдаж дийлье. / Энэ ширээг сайхан хээлье. / Энэ бөмбөгийг сайн хийлье. / Маргааш тэр хотод заавал хүрье. / Энэ олон номыг жаахан цөөлье. /Аав нь хүүгээ үнсье.

Дасгал 5.

Энэ шөнө буудалд хоноё. / Энэ тухайн би дахин сайн бодъё. / Аавын үгийг сонсъё. / Энэ цамцыг буцааж сольё. / Энэ наадамд хэдэн морь сойё. / Түүнийг жаахан өргөж тойлъё.

Дасгал 6.

Гадаа гарч тоглъё. / Ном уншиж ухаантай болъё. / Номын дэлгүүрээр явж хэрэгтэй номоо олъё. / Их зовъё гэвэл өнгөнд шуна. / Би энэ мөнгийг тоолъё. / Энэ гөлгийг дулаан юмаар орооё.

Дасгал 7.

харах-харъя / үзэх- үзье / бодох- бодъё / зурах- зурья / саах- саая / хаах-хаая / ажиллах- ажиллая / асуух- асууя / хариулах- хариулъя / хуйлах-хуйлъя / явах- явъя / ирэх- ирье / таах- таая / суух- сууя / орох- оръё / гарах- гаръя / оруулах- оруулъя / гаргах- гаргая / сэрэх- сэрье / сэхэх-сэхье / хээлэх-хээлье / будах- будъя / үнсэх- үнсэе / өтлөх- өтлөе / солих-сольё / сойх- сойё / сонсох- сонсъё / дуулах- дуулъя / хонох-хоноё / өнжих- өнжье

Арван гуравдугаар хичээл

Дасгал 1.

Аав сонин уншиж байна. / Ээж хоол хийж байна. / Дүү тоглож байна. / Өвөө унтаж байна. / Эмээ сүү ууж байна. / Найз ирж байна.

Дасгал 2.

1. асууж байна — Би хичээлээ багшаас асууж байна.
2. хариулж байна — Багш миний асуусанд хариулж байна.
3. сууж байна — Би томоотой сууж байна.
4. хуулж байна — Би самбараас хуулж байна.
5. явж байна — Би сургууль руугаа явж байна.
6. утасдаж байна — Миний найз над руу утасдаж байна.

Дасгал 3.

А: Гадаа юу байна вэ?

Б: Гадаа олон машин байна.

А: Багшид юу байна вэ?

Б: Багшид дэвтэр, ном, үзэг байна.

А: Ууланд юу байна вэ?

Б: Ууланд олон мод байна.

Дасгал 4.

Тэнгэрт үүл байна. / Хүмүүст сайхан сэтгэл байна. / Миний найзад туслах хүсэл байна. / Голд олон загас байна. / Сэтгэлд баяр хөөр байна. / Надад хүсэл мөрөөдөл байна.

Дасгал 5.

1. Танай аав ажил хийдэг үү? Манай аав ажил хийдэг.
2. Чиний найз дуу дуулдаг уу? Миний найз дуу дуулдаг.
3. Чиний дүү их тоглодог уу? Миний дүү их тоглодог.
4. Танай багш ном их уншдаг уу? Манай багш ном их уншдаг.
5. Танай өвөө шатар тоглодог уу? Манай өвөө шатар тоглодог.
6. Танай ээж та нарыг загнадаг уу? Манай ээж бид нарыг загнадаг.

Дасгал 6.

Энэ хүүхдүүд гадаа тоглодог. / Миний найз ном их уншдаг. / Дэлгүүрт өглөө бүр шинэ хүнс худалддаг. / Өглөө бүр би гүйдэг. / Аавын ажил 9.30-д цугладаг. / Миний найз надад тусладаг.

Дасгал 7.

Багш хотод явaa. / Дүү хичээлдээ явaa. / Ах ууланд гөрөөлөө. / Эгч хоолоо хийлээ. / Миний аав хөдөө явaa. / Өвөө шатар тоглож суугаа.

Дасгал 8.

харах-харж байна / үзэх- үзэж байна / бодох- боддог / зурах- зурж байна / саах- сааж байна / хаах- хаадаг / ажиллах- ажиллаж байна / асуух-асуудаг / хариулах- хариулж байна / хуйлах- хуйлдаг / явах- явж байна / ирэх- ирдэг / таах- тааж байна / суух- суудаг / орох- орж байна / гарах-гардаг / оруулах- оруулж байна / гаргах- гаргадаг / сэрэх- сэрж байна / сэхэх- сэрж байна / хээлэх- хээлж байна / будах- будаж байна / үнсэх-үнсэж байна / өтлөх- өтлөж байна / солих- солиж байна / сойх- сойгоо / сонсох- сонсож байна / дуулах- дуулж байна / хонох- хоножбайна / өнжих-өнжиж байна

Арван дөрөвдүгээр хичээл

Дасгал 1.

Цагдаа шүгэл үлээлээ. / Эмч түүнийг үзлээ. / Үүгээр морьтой хүн өнгөрлөө. / Миний найз ирлээ. / Миний найз хоолоо идлээ. / Ээж ажлаасаа ирлээ.

Дасгал 2.

1. асуулаа — Би хичээлээ багшаас асуулаа.
2. хариуллаа — Багш миний асуусанд хариуллаа.
3. суулаа — Би томоотой суулаа.
4. хууллаа — Би самбараас хууллаа.
5. явлаа — Би сургууль руугаа явлаа.
6. утасдлаа — Миний найз над руу утасдлаа.

Дасгал 3.

А: Чи хаанаас ирэв?

Б: Би хөдөөнөөс ирэв.

А: Гэрээсээ эрт гарав уу?

Б: Гэрээсээ эрт гарав.

А: Замдаа Доржтой уулзав уу?

Б: Замдаа Доржтой уулзав.

Дасгал 4.

Сөүлээс оюутнууд ирэв. / Сөүлээс ирсэн оюутнууд хөдөө явав. / Сөүлээс ирсэн оюутнууд 7 хоног хөдөө яваад ирэв. / Сөүлээс ирсэн оюутнуудад монголын хөдөө их таалагдав. / Сөүлээс ирсэн оюутнууд нутаг руугаа баяртай буцав. / Сөүлээс ирээд буцсан оюутнуудад би захиа бичив.

Дасгал 5.

Ээж ажлаасаа ирсэн. / Аав гадаадаас ирсэн. / Дүү сургуулиасаа ирсэн. / Өвөө орноосоо боссон. / Эмээ ундаа уусан. / Миний найз манайх руу утасдсан.

Дасгал 6.

Би утсаар ярьсан. / Гадаа ширүүн бороо орсон. / Сургуулийн амралт болсон. / Эгчийн хурим болсон. / Ах Солонгос яваад ирсэн. / Айлууд өчигдөр нүүсэн.

Дасгал 7.

Ээжийн найз гадаад явжээ. / Аавын найз гадаадаас иржээ. / Миний хүү олон ном уншжээ. / Миний охин олон дуу сурчээ. / Миний өвөө шатрын тэмцээнд түрүүлжээ. / Миний эмээ өглөө эрт босжээ.

Дасгал 8.

А: Чи хаанаас ирэв?

Б: Би хотоос ирлээ.

А: Хотоор сонин сайхан юу байна?

Б: Тайван сайхан байна. Сонин гэвэл миний хүү сайд болжээ.

А: Өө тийм үү. Юуны сайд болоо вэ?

Б: Миний хүү Сангийн яамны сайд болжээ.

Дасгал 9.

харах-харлаа / үзэх- үзлээ / бодох- бодов / зурах-зурлаа / саах- саасан / хаах- хаалаа / ажиллах- ажилласан / асуух- асуулаа / хариулах-хариулав / хуйлах- хуйлав / явах- явсан / ирэх- иржээ / таах- таалаа / суух- суужээ / орох- орсон / гарах-гарлаа / оруулах- орууллаа / гаргах-гаргалаа / сэрэх- сэрлээ / сэхэх- сэхлээ / хээлэх- хээлэв / будах- будлаа / үнсэх- үнсэв / өтлөх- өтлөв / солих- солив / сойх- сойжээ / сонсох-сонсов

/ дуулах- дуудлаа / хонох- хонов / өнжих-өнжив

Арван тавдугаар хичээл

Дасгал 1.

Аав ажилдаа явна. / Ах хөдөөшөө буцна. / Миний найз архи ууна. / Ээж шинэ машин авна. / Дүү зураг зурна. / Ерөнхийлөгч хөдөө ажиллана.

Дасгал 2.

1. асууна — Би хичээлээ багшаас асууна.
2. хариулна — Багш миний асуусанд хариулна.
3. сууна — Би томоотой сууна.
4. хуулна — Би самбараас хуулна.
5. явна — Би сургууль руугаа явна.
6. утасдана — Миний найз над руу утасдана.

Дасгал 3.

А: Чи хаанаас ирэх вэ?

Б: Би хөдөөнөөс ирнэ.

А: Чи хотод ирээд юу хийх вэ?

Б: Би хотод ирээд янз бүрийн ажил хийнэ.

А: Өдөр манайх ямар хоол идэх вэ?

Б: Өнөө өдөр манайх амттай хоол хийж иднэ.

Дасгал 4.

Сөүлээс оюутнууд ирнэ. / Сөүлээс ирэх оюутнууд монгол хоол иднэ. / Сөүлээс ирэх оюутнууд 7 хоног хичээл хийнэ. / Сөүлээс ирэх оюутнууд монгол кино үзнэ. / Сөүлээс ирэх оюутнууд монголын тухай их зүйл мэднэ. / Сөүлээс ирээд буцах оюутнуудад би захиа бичнэ.

Дасгал 5.

Би аавындаа хононо. / Өдөр хамт хооллоно. / Маргааш би Сөүлийг зорино. / Маргааш бороо орно. / Манай баг өнөөдөр тоглоно. / Ангийн даргын сонгууль болно.

Дасгал 6.

Бид өнөөдөр хөл бөмбөг тоглоно. / Маргааш их бороо орно. / Манай компани ажилтнуудаа цомхотгоно. / Ахын хурим болно. / Тэдэнд англи хэлний боловсрол олгоно. / Бид амралтаараа Монголыг зорино.

Дасгал 7.

Би ээждээ бэлэг өгнө. / Миний дүү энэ жил сургуулиа төгсөнө. / Манай баг аваргын төлөө өрсөлдөнө. / Зах зээл дээр алт, зэсийн үнэ өснө. / Миний өвөө шатрын тэмцээнд өрсөлдөнө. / Миний эмээ өнөөдөр сайхан хувцасаа өмсөнө.

Дасгал 8.

А: Чи энэ жил яах вэ?

Б: Би энэ жил ахлах сургуулиа төгсөнө.

А: Ахлах сургуулиа төгсөөд дараа нь их сургуульд өрсөлдөх үү?

Б: Ахлах сургуулиа төгсөөд дараа нь их сургуульд өрсөлдөнө.

А: Их сургуулиа төгсөөд дараа нь ямар ажил хийх вэ?

Б: Их сургуулиа төгсөөд загвар өмсөнө.

Дасгал 9.

харах-харна / үзэх- үзнэ / бодох- бодно / зурах- зурна / саах- саана / хаах- хаана / ажиллах- ажиллана / асуух- асууна / хариулах- хариулна / хуйлах- хуйлна / явах- явна / ирэх-ирнэ / таах- таана / суух- сууна / орох- орно / гарах-гарна / оруулах- оруулна / гаргах- гаргана / сэрэх- сэрнэ / сэхэх- сэхнэ / хээлэх- хээлнэ / будах- будна / үнсэх- үнсэнэ / өтлөх- өтлөнө / солих- солино / сойх- сойно / сонсох- сонсоно / дуулах- дуулна / хонох- хононо / өнжих- өнжинө

Хавсралт 2

Монгол-Солонгос үг хэллэг.

А

аятайхан 좋은, 적당한

аав 아버지

авах 받다

автобус 버스

авчирах 가지고 오다, 가져오다

адил 같다, 동일

адуу 말(여러 마리의)

ажил 일, 직업

ажиллах 일하다

аймаг 아이막(몽골의 행정단위)

аймхай 겁이 많은

алга 없다

алдар 성함

аль 어느

алт 금

ам 입

амар 쉬운, 편안한

амархан 쉬운

амт 맛

анги 교실, 반

анх 처음

архи 술

анагаах ухаан 의학

амьдрах 살다

амжилт 성공

амжилт хүсэх 성공을 빌다

амжуулах 다하다, 정리하다

амт 맛

ардын дуу 민요

асуух 묻다, 질문하다

асуух үг 의문사

асуулт 질문

ач 은혜, 손자

ашиг 이익

ая 음

аяга 컵, 잔

Б

бага 적다, 작다

багш 선생

байна 이다/있다

бараалхах 알현하다, 면담하다

барилдах 씨름하다

барих 잡다
баяжих 부자 되다
баян 부자, 풍부한
баярлалаа 감사합니다
баяртай 안녕히 계세요/안녕히 가세요
баяртай байна 반갑습니다
баяр хөөр 기쁨, 즐거움
баяр хүргэх 축하하다
бид 우리
бид нар 우리(들)
богино 짧다
бодол 생각
бодлого 숙제, 정책
бодох 생각하다
болно 됩니다
болох уу? 됩니까?
бор (өнгө) 갈색(색깔)
бороо 비
босох 일어나다
бөглөх 막다
бөмбөг 공

бөөрөнхий 동그란
бугуй 손목
будах 색칠하다
буух 내리다
буудах 쏘다
бүрэх 발효
бүү 아니, 안
бүч 끈, 줄
бэлдэх 준비하다
бэлэг 선물
бэлэн 준비된
бэлтгэх 준비하다
бэлчих 방목하다
бэрх 어려운

Г

гадаа 바깥, 거리
гадаад 외국, 외부
гадуур 밖에
газар 땅
газрын зураг 지도

гар 손
гарах 나가다
гар утас 휴대폰
гатлах 건너다
говь 고비(사막)
гөлөг 강아지
гөрөөлөх 사냥하다
гуанз 식당
гуйх 부탁하다
гулгах 미끄러지다
гүйх 달리다, 뛰다
гүрэн 제국
гэдэс 배
гэр 집
гэрэл 빛

Д

давс 소금
давхих 달리다
дайлах 대접하다
дайрах 공격하다, 들리다
далай 바다
данх 주전자
дарга 직장상사/사장
дасгал 운동
дийлэх 이기다
довтлогч 공격수
доллар 달러
дотор 안
дугтуй 봉투
дулаан 따뜻한
дуудах 부르다
дуулах 노래 하다
дуусах 끝나다
дүү 동생
дэвтэр 공책
дэвшүүлэх 승진시키다, 올리다
дэлхий 지구

Е

ерөнхийлөгч 대통령

Ж

жаахан 조금
жаргах 행복을 누리다
жолооч 운전수
жүжигчин 배우
жүүс 주스

З

заавал 반드시
зав 여유
загас 물고기, 생선
загвар 디자인, 유행
загнах 야단치다
залуу 젊은
зам 길
зан 성격
засгийн газар 정부
захиа 편지
зах зээл 시장
зовох 고생하다
зогсох 서다
золгох 마중하다

зорих 목표로 하다
зочломтгой 사교성있는
зөөгч 종업원
зөөлөн 부드러운, 연한
зөөх 옮기다, 운반하다
зугаалах 산책하다
зун 여름
зурагчин 사진사
зурах 그리다
зүгээр 괜찮습니다
зүйл 사항, 것
зэс 구리
зээр 영양

И

ийм 이런
илгээх 보내다
илүү 더, 많은
ирэх 오다
их 많이, 아주
их сургууль 대학교

К

кино 영화
компани 회사

М

мал 가축
малгай 모자
малчин 유목민
манай 우리
манайхан 우리 식구
маргааш 내일
мартах 잊다, 잊어버리다
материал 자료
маш их 아주/매우, 많이
миний 나의
мод 나무
морь 말
мөнгө 돈, 은

Н

наад 이쪽, 안쪽
наадам 축제
наашаа 여기로/ 이쪽으로
надад 나에게
найз 친구
наймаа 매매
найрамдал 우호관계
найрсаг 친절한
нам 낮은
намайг 저를
намар 가을
намхан 키 작은, 작은
нар 태양, 해
нар жаргах 해가 떨어지다
нас 나이
нисэх 날다
ногоо 야채
номер 번호
номын сан 도서관
ноос 털
нохой 개
нөгөө 다른, 그

нөгөөдөр 모레
нөмрөг 망토
нөхөр 남편
нутаг 고향
нүүр 얼굴
нэлээд 좀
нэр 이름

О

одоо 지금
оёдолчин 재봉사
оёх 재봉하다, 만들다
ой 숲
ойрд /хугацаа/ 요즘, 최근
олон улс 국제
ор 침대
ордон 궁전
орой (уулын) 윗부분(산의)
оролцох 참여하다
орох 들어가다
ороох (담요 등을) 말다
оруулах 들어가다
орчуулах 번역/통역하다
онгойлгох 열다
охин 딸
оюутан 대학생

Ө

өвгөн 할아버지
өвдөг 무릎
өвдөх 아프다
өвөл 겨울
өгөх 주다
өдий 이만큼, 이정도, 아직
өдөр бүр 매일
өмнө 앞
өмсөх 입다
өнгө 색, 색상
өндөр 높은
өнжих 하루를 지내다, 보내다
өнөө 현재, 오늘, 그
өнөөдөр 오늘
өргөө 궁전, 궁궐
өргөх 들다
өрөө 방
өтлөх 나이 들다
өчигдөр 어제

С

саатах 지체되다
саах 젖 짜다
сагсан бөмбөг 농구
садаа 방해
сайд 장관
сайн 안녕, 좋다
сайхан 좋은, 잘
салгах 분리하다, 떨어뜨리다
самбар 칠판
санаа 생각
сангийн яам 재무부
сандал 의자
сар 월, 달
солих 바꾸다
сойх (끼니를) 거르다

сонгууль 선거
сонин 신문/이상한
сонин сайхан 별일
сонирхох 구경하다
сонсох 듣다
судлаач 학자, 연구원
сурах бичиг 교과서
сул үг 첨사
сувилагч 간호사
сургууль 학교
сур 가죽, 끈
сурагч 학생
сурах 배우다, 전공하다
суух 앉다
сүү 우유
сүүл 꼬리,마지막
сэрэмж 경고
сэрэх 깨다
сэхэх 부활하다

Т

тавтай морилно уу 어서 오세요
тайван 평화롭다
тайван даа 그저 그렇습니다
тал хээр 들판
танай 너희, 당신의
танайхан 너희 식구
танилцах 만나다, 인사하다
танилцуулах 소개하다
та нар 너희, 너희들
тараг 몽골의 유제품(요구르트)
тийм 그런
тоо 숫자
том 큰
төл 새끼
тоглох 놀다
тойлох 달래다
толгой /уулын/ 정상, 봉우리
томоотой 얌전한
тосох 마중하다
төв 중앙, 중심
төгсөх 졸업하다
төгрөг 투그릭
төдий 그만큼, 그 정도, 아직
төл 새끼
төлөвлөгөө 계획
төөлөх 재다
төр 정부
төсөөлөх 상상하다
туслах 돕다
түлх 밀다
түр 잠깐, 임시
тэгвэл 그러면
тэг тэг 그러세요
тэд 그들
тэд нар 그들, 그 사람들
тэдгээр 그런, 그러한, 그런식의
тэмдэг 부호
тэмүүлэл 갈망
тэмээ 낙타
тэмцээн 경기, 대회
тэнгэр 하늘
тэнд 거기
тээх 운반하다

У

угаах 빨다

удах 지연되다

удахгүй 곧

улаан 붉은 , 빨간

унах 타다, 떨어지다

ундаа 음료, 음료수

унтах 자다, 잠들다

унтраах 끄다

урилга 초대

урт 길다

утас 전화

уулзах 만나다

уучлаарай 미안합니다

Ү

үг 단어, 말

үерхэх 사귀다

үзүүлэх 보여주다

үзэг 볼펜

үзэсгэлэн 전시회

үзэх 보다

үлгэр 동화, 옛날이야기

үлээх 불다

үндэс 뿌리

үнсэх 뽀뽀하다, 입 맞추다

үнэн 사실, 진실

үхэр 소

Х

хаагуур 어디로, 어디어디

хаан 왕

хаана 어디

хаанаас 어디에서

хаах 닫다

хаашаа 어디, 어디로

хавар 봄

хагацах 헤어지다, 작별하다

хайр 사랑

хайх 찾다

халуун 뜨겁다, 덥다

хамгийн 가장, 최근의

хамт 함께

хань 배우자, 동반자

харандаа 연필

харьцаа 관계, 비율

харин 그러나

хариулах 대답하다

хариуцлага 책임

хатуу 딱딱한, 굳은

хаях 버리다

хатан 왕비

хатуужил 인내심,내구성

хийлэх 바람 넣다

хийх 하다

хичнээн 얼마나, 얼만큼

хоёулаа 둘이서

хонь 양

хонох 숙박하다, 지내다

хоол 식사

хороолол 구역, 단지

хот 도시

хоцрох 늦다, 지각하다

хоюулаа 둘이서

хөгжим 음악, 악기

хөгжүүлэх 발전시키다, 개발하다

хөгшин 나이 든

хөзөр 카드

хөл бөмбөг 축구

хөх 짙은 파랑

худалдаа 판매, 교역

худалдааны төв 상가

худалдагч 판매원

хуудас 장

хуйлах 말다

хууль 법

хуучин 낡은, 헌, 오래된

хурал 회의

хурдан 빨리

хүзүү 목

хүйтэн 추운, 차가운

хүлээн авалт 회견

хүлээх 기다리다

хүн 사람

хүнс 식품

хүсэл мөрөөдөл 꿈, 소원

хүсэх 원하다

хүү 아들

хэвтэх 눕다

хэдийд 언제, 언제쯤

хэдэн 몇

хэлбэр 형태

хэлэх 말하다

хэн 누구

хэн, хэн 누구 누구

хэрэг 사건 , 것

хээлэх 무늬를 새기다

Ц

цаг 시간/시계

цагаан идээ 유제품

цагдаа 경찰

цаг хугацаа 시간, 기간

цадах 배부르다

цай 차(마시는 차)

цалин 월급

цамц 윗도리

царай 얼굴

цас 눈(하늘에서 내리는 눈)

цоолох 구멍내다

цуглах 모이다

цүнх 가방

цэвэрлэх 청소하다

цэвэр агаар 공기

цэцэг 꽃

Ч

чанах 끓이다

чамд 너에게

чарга 썰매

чармайх 노력하다

чиний 너의

чинь 너의

чихэр 사탕

чөлөө 여유, 시간

чулуу 돌, 암석

чуулах 모이다

Ш

шагнах 상을 주다

шалгалт 시험

шатар 체스

шидэх 던지다

шийдэх 결정하다

шинэ 새, 신

шөл 국

шунах 욕심내다

шуудан 통신, 우체국

шүгэл 호루라기

Э

эдгээр 이러한, 이런 식의

эмгэн 할머니

эмч 의사

эмчлэх 치료하다

эмээл 안장

энд 여기

эргэлзэх 고민하다

эргээд 또 다시(뒤돌아서)

эрдэм 지식

эрүүл мэнд 건강

эрт 일찍

эрхэм 존경하는, 소중한

эцэс 끝

ээж 어머니

Ю

юу 무엇

Я

яаж 어떻게

ядрах 피곤하다

ямар 어떤, 무슨

ярих 이야기하다, 말하다

МОНГОЛ ХЭЛ 1

몽골어 1 개정판

초판 인쇄 2017년 5월 25일
초판 발행 2017년 5월 31일

지은이 OTGONTSETSEG DAMDINSUREN
발행인 김인철
총괄 · 기획 가정준 Director, University Knowledge Press
편집장 신선호 Executive Knowledge Contents Creator
도서편집 김민정 Contents Creator
전자책편집 최인우 Chief e-Contents Creator
재무관리 김은혜 Managing Creator
마케팅 파트장 백승이 Chief Marketing Creator
마케팅 박종원 Marketing Creator
발행처 한국외국어대학교 지식출판원
02450 서울특별시 동대문구 이문로 107
전화 02)2173-2493~7
팩스 02)2173-3363
홈페이지 http://press.hufs.ac.kr
전자우편 press@hufs.ac.kr
출판등록 제6-6호(1969. 4. 30)
디자인 · 편집 디자인퍼브 02)2254-4308
인쇄 · 제본 네오프린텍 02)718-3111

ISBN 979-11-5901-192-4 14790 정가 22,000원
ISBN 978-89-7464-665-3 (세트)

*잘못된 책은 교환하여 드립니다.

HUINE 은 한국외국어대학교 지식출판원의 어학도서, 사회과학도서, 지역학 도서 Sub Brand이다. 한국외대의 영문명인 HUFS, 현명한 국제전문가 양성(International +Intelligent)의 의미를 담고 있으며, 휴인(携引)의 뜻인 '이끌다, 끌고 나가다'라는 의미처럼 출판계를 이끄는 리더로서, 혁신의 이미지를 담고 있다.

이 책의 음원(mp3)은 한국외국어대학교 지식출판원 홈페이지(press.hufs.ac.kr) - 게시판 - 자료실에서 다운받아 사용하시기 바랍니다.